だいわ文庫

社会人に絶対必要な
語彙力が身につく本

高村史司

大和書房

はじめに

「文は人なり」ということばがあります。文章を見れば、それを書いた人の性格や考え方がよくわかるという意味です。もちろん、丁寧な言葉づかいかそうでないか、文章がわかりやすいか難解かによって、その人となりが理解できることはすぐに見当がつくことでしょう。

しかし、意外に見落とされがちなのが、ことばの選び方です。同じようなことを言うのであっても、似た意味を持つさまざまなことばのなかからどのことばを選ぶかに、その人の人柄や思いが表れます。

ところが、どうも近年は「ことばを選ぶ」行為がおろそかになっている気がします。私たちが日常的に使う語彙《ごい》（ボキャブラリー）が減少しており、とくに喜怒哀楽の感情を示すことばがワンパターン化している印象があります。

感動したときは「ハンパない！」「エモい！」、腹が立てば「ムカつく！」「ウザい！」、よさそうだと「ジワる」「よさげ～」で片付けている人のなんと多いことか。

若い人たちだけではありません。中高年だって、よく聞いていると「すごい」「かわいい」「いいね」の連発。こんなことばを毎日使い回しているのが現状ではないでしょうか。「ありがとう」もそうです。感謝の気持ちを述べるのは悪いことではありませんが、いつでもどこでもどんなケースでも「ありがとう」「ありがとうございます」だけで済ませていないでしょうか。その底には、「こう言っておけば無難だろう」という気持ちが透けてみえます。

たとえば、相手によっては「恩に着ます」「痛み入ります」「深謝いたします」などと言ってみればどうでしょうか。月並みでない感謝のことばを耳にして、相手は「おや？　この人は本当に心から感謝しているんだな」と強い印象を受けることでしょう。さらに、相手との関係によっては、「ひとかたならぬご好意を賜り」「過分のお引き立て」などのことばを付け加えることで、より強い思いが伝わるはずです。

このように、その場その場でしっくりくることばを選ぶことができれば、相手に対して自分の気持ちを正確に表現できるわけです。

そこで大切になるのが語彙力です。それは、数多くの語彙を身につけて、臨機応変に使える能力です。語彙力を高めることは、ことばの選択肢が増えることを意味し、それだけ自分の気持ちを細やかに表現したり、世界をさまざまに表現したりできるわけです。それが人間関係をスムーズに運ぶことにつながり、ひいては人生を豊かにすることになるのです。

「でも、そんな難しいボキャブラリーを知らなくても、実際の生活ではそんなに不便を感じていない」。そう反論する人もいるかもしれません。たしかに、気心が知れている仲間うちでのやりとりなら問題ないでしょう。しかし、社会生活を営んでいくためには、それだけでは不十分です。

むしろ、今ほど語彙力が問われている時代はないと思われます。ネットの発達によって、私たちはメールやＳＮＳのメッセージで情報交換をする機会が増えました。仕事上のやりとりはもちろん、日常的なおしゃべりからネットを通じた売買まで、当事者が直接顔を合わせることなくメールやメッセージで進めることが多くあります。その場合、コミュニケーションの中心は文章です。

面と向かっての会話なら、ことばの抑揚や表情で感情を伝えることができますが、文章ではそうはいきません。情報それ自体はもちろん、感情もまた文章だけで伝えなくてはならないのです。

そこでよく問題になるのは、本人は謝罪の気持ちを表したつもりでメッセージを送ったのに、相手にその気持ちがうまく伝わらないといったケースです。それどころか逆に皮肉と受け取られて、かえって事態を悪化させたという例も耳にします。

同じような意味を持つことばでも、微妙なニュアンスの違いがあり、それを使い分ける語彙力がないと、うまくコミュニケーションが成立しなくなってしまうためです。

ところが、従来の辞書の多くでは、ことばの意味を詳しく説明してくれるものの、そこに込められたニュアンスまではなかなか教えてくれません。そこで本書では、単にことばの意味を説明するだけでなく、どのような場面で使うのが適しているのか、そしてことばの裏に込められたニュアンスや使用上の注意も含めて解説することを心がけました。また、すぐに使える実用的な例文も紹介しています。

取り上げたことばは、仕事や日常生活の各場面で使える表現を中心に、人間関係をスムーズに運んだり、喜怒哀楽を的確に表現したりするのに重要なものを厳選しています。とくに、よく耳にするけれども意味がわかりにくいことば、誤解されがちなことば、うまく使いこなすことで知的に見えることばに注目しました。

本書のことば以外にも、重要な語彙は数えきれないほどあります。本書をきっかけに、語彙力の重要性、ことばの楽しさと奥深さを感じていただければ幸いです。

高村史司

CONTENTS

CHAPTER 1
感謝・お礼のことば

CHAPTER 2
評価・応援のことば

CHAPTER 3

依頼・承諾のことば

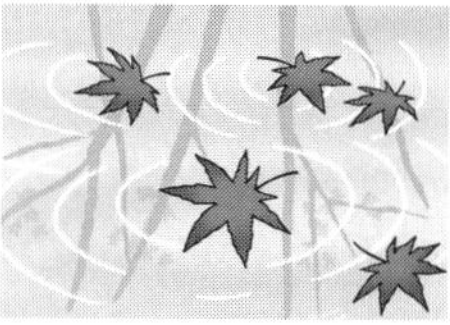

CHAPTER 4

印象・賛辞のことば

CHAPTER 5

程度・感激・驚きのことば

CHAPTER 6 謙遜・卑下のことば

CHAPTER 7 謝罪・恐縮・拒絶のことば

CHAPTER 8

困惑・反省のことば

CHAPTER 9

怒り・罵倒・叱責のことば

CHAPTER 10

知っておきたい表現

CHAPTER 11

わかりにくいカタカナ語

CHAPTER

1

感謝・お礼のことば

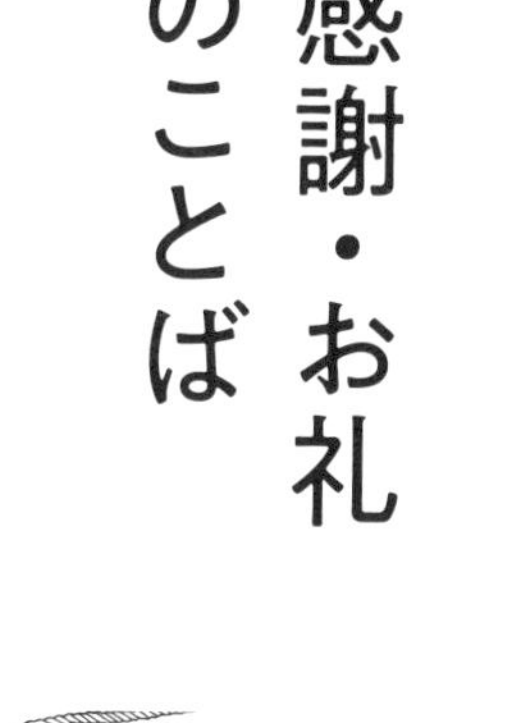

幸《こう》甚《じん》の至《いた》り

ご依頼の品をお送りしました。
気に入っていただければ幸《こう》甚《じん》の至《いた》りです。

意味

このうえなく幸せ。
非常にありがたい。

例文

・この度は、貴重な意見をお寄せいただき幸甚に存じます。
・さきほどお願いしたレポートですが、今週末までにいただければ幸甚です。

相手を尊重している気持ちを表せる

「甚」の字でなじみ深いのは、作業衣の「甚平《じんべい》」という人もいるかもしれません。ジンベエザメの語源も、甚平の模様から来ているとか。訓読みは「甚（はなは）だしい」。あるいは、「被害甚大」「激甚災害」など、程度がはなはだしい状況を示すことばとして、ニュースの見出しでおなじみでしょう。

この「幸甚の至り」は、はなはだしく幸せという意味です。何かをお願いするときに、「〜してください」では押しつけがましく感じられがちですが、「〜していただければ幸甚です」とすれば、相手を尊重する雰囲気が感じられます。

もちろん「〜幸いです」でも意味は同じですが、「幸甚」のほうが難しい漢字を使っている分だけ、相手はあなたの敬意を感じ取ってくれるでしょう。

注意点もあります。「今週末までにいただければ幸甚です」という文面を目にして、「今週末で大変嬉しいのだから、来週初めでも嬉しいに違いない。多少は遅れても大丈夫だろう」と解釈される恐れもあります。今週末が譲れない期限なら、はっきり「恐縮ですが、今週末までに必ずお願いします」と書いたほうが、お互いのためです。

望《ぼう》外《がい》の喜《よろこ》び

【類義語】嬉《うれ》しい誤《ご》算《さん》

この度のコンペにおいては、高い評価をいただき望《ぼう》外《がい》の喜《よろこ》びです。

意味

望んでいた以上によいこと。予想外のよい結果。

例文

・メンバーが一致団結したことで、望外の結果を得ることができました。
・社長賞に推薦していただけるとは、私にとって望外のことでした。

サプライズ!

漢字だけを見ると、「望んでいた以外のこと」というマイナスの意味に誤解されそうですが、正しくは「望んでいた以上によい結果」「思っていたよりもよいこと」というプラスの意味で使われます。同じ「予想が外れた」であっても、よい方向に外れたわけで、「喜び」「結果」などと組み合わせて用います。「望外」には謙虚な気持ちが含まれているので、何かに成功したときによく使われます。

「うまくいくなんて、思ってもいませんでした」と言えば、相手に「腰の低い控えめな人だな」という印象を与えることができるためです。そもそも、何かに成功した場面では、周囲の人から妬《ねた》みを受ける恐れがあります。それを避けるため、「望外」を使うことで自分が傲慢《ごうまん》な人間ではないことを、それとなく伝えるという効果があるのです。

似たようなことばに「**嬉しい誤算**」という表現もあります。ただし、「望外の喜び」が自分（あるいは自分を含むグループ）の成功について使うことが多いのに対して、「嬉しい誤算」は、たとえば会社の部下が意外な成果をあげたときなどにも使われるという点に違いがあります。

万《ばん》感《かん》の思《おも》い

長年過ごしてきた町を去ることになり、万《ばん》感《かん》の思《おも》いでいっぱいです。

意味

心に浮かぶさまざまな感情や思い。

例文

・万感の思いを込めて、定年前の最後の挨拶をいたしました。
・当時の光景を思い浮かべると、万感胸に迫るものがあります。

さまざまな感情で胸がいっぱいに

「万」という漢字は、数の単位として使われるだけでなく、「万国《ばんこく》」「万里《ばんり》」「万難《ばんなん》」のように、数や量が多いことを表します。なんでも売っている店のことを「よろず屋」と呼びましたが、漢字では「万屋」と書きました。かつては大金持ちのことを「百万長者」と呼んでいた時代があります。今では「億万長者」が当たり前ですが、そのうち「兆億長者」ということばができるかもしれませんね。

さて、「万」の用法がわかれば、「万感」は「さまざまな感情」を意味するとわかるでしょう。この熟語がよく使われるのは、人生の節目を迎えたときです。それまでの経緯を振り返り、辛かったことや嬉しかったことなどが、抑えきれずに一気に湧き上がって胸がいっぱいになります。その感情が「万感」です。

とくに、定年や異動を前にした人が、自分の気持ちを表現する場面で耳にします。「万感の思い」という形で使われることが多く、「万感胸に迫る」という言い方をすることもあります。

似たような気持ちを示す熟語に「感無量」（→22ページ）があります。「万感の思いでいっぱいです」を、「感無量です」と言い換えてもそのまま使えます。

感《かん》無《む》量《りょう》

自分の仕事が多くの人の役に立っていることを知って感《かん》無《む》量《りょう》だ。

意味

深く心に感じ入っている様子。喜びの感情があふれている様子。

例文

・30年ぶりに旧友に会うことができて、まさに感無量だった。
・娘さんの結婚式で、彼は感無量の面持ちでうっすらと涙を浮かべていた。

感情の深さを表す

「いい結果になった」「よいことをした」と思うと、喜びで胸がいっぱいになります。そんなとき、「よかった、よかったなあ」では芸がないというもの。

ちょっと気取った言い方として、「感無量です」がすぐに口から出るようにしておくと、格好がつきます。

「無量」という文字を見ただけでは、「量がない」つまり「ゼロ」と誤解しがちですが、そうではありません。「無量」や「無数」は、数えきれないほど多い量や数を示す熟語なのです。

「空には無数の星がきらめいている」という言い方もありますね。

また、日本語の数字の単位は、万、億、兆、京……と4桁ごとに増えていき、10の68乗を「無量大数」と呼びます。日本語で名前が付けられている数としては、最大のものです。

「感無量」の類義語には「万感の思い」(→20ページ)があります。どちらかというと、「万感の思い」は喜びや悲しみなどのさまざまな感情が心に満ちてくる様子を指すのに対して、「感無量」は感情の深さを示す表現といってよいでしょう。

深《しん》謝《しゃ》いたします

【類義語】多《た》謝《しゃ》

この度の細やかなお気遣い、深《しん》謝《しゃ》いたします。

意味

深く感謝します。
深くお詫びします。

例文

・皆様から温かい励ましのことばをいただき、深謝申し上げます。
・私どもの不手際により、お手数をとらせてしまい、深謝いたします。

プラスにもマイナスにも使える

「謝」は不思議な漢字です。「感謝」「謝礼」といえばありがたい気持ちを表し、「謝罪」「謝る」といえばお詫びをするという正反対の意味になります。もともとは「ことばを使ってやりとりをする」という意味があったようで、組み合わさる漢字が「感」や「礼」ならばありがたい気持ちを、「罪」ならばお詫びの気持ちを示す熟語になるわけです。

「深謝」は、このプラスとマイナスの両方の意味で使えます。

もちろん、感謝を表したければ「ありがとうございます」「感謝いたします」、謝罪の意味ならば「申し訳ありません」「謝罪いたします」でいいのですが、「深謝」を使うことで、こちらの強い気持ちを伝えると同時に、かしこまった印象を与えることができます。

似たような意味で「**多謝**」という熟語があります。しかし、「多謝いたします」「多謝です」というのは、こなれた表現ではないので避けたほうがいいでしょう。せいぜい、知人に軽く礼を言うときに「助言多謝」「協力多謝」、知人に失礼を軽く詫びるときに「暴言多謝」といった使い方をする程度が無難です。

恩《おん》に着《き》る

【参考】恩《おん》を着《き》せる

さきほどの会議ではうまくフォローしていただき、恩《おん》に着《き》ます。

意味

受けた恩に対して、大変ありがたく思う。

例文

・いいタイミングで声をかけてくれてありがとう、恩に着るよ。
・一生の恩に着るので、10万円貸してくれないか。

相手の恩を全身に受けて感謝する

手伝いや支援をしてくれた人に対して感謝を伝えようとするとき、「ありがとう」では不十分だなと感じることがあります。そんなときに使えるのがこのことば。深い感謝の気持ちが伝えられます。親しい間柄でも、「ありがとう、恩に着るよ」という言い方ができます。「着る」というと服を着ることが連想されますが、「恩に着る」はあたかも服を着るように、相手の恩を全身に受けて感謝するという意味が込められています。

意味はまったく違いますが、似た用法に「罪を着る」ということばがあります。これは、「やったことを自分が引き受けて、罪をかぶる」という意味です。

さて、立場を変えて恩をほどこした人から見ると、相手に「恩を着せた」ことになりますが、この表現は要注意です。「**恩を着せる**」という言い方は、恩をほどこしたことについて、「ほら、ありがたいだろう」「感謝しろよ」と、必要以上に感謝を求める様子を表すからです。ですから、「○○さんに恩を着せたよ」と言うと、ひどく嫌味な言い方になってしまいます。そして、そんなことを言う人の性格をひと言で表すのが、「恩着せがましい人」という表現です。

ご同慶《どうけい》の至《いた》り

春たけなわの候、ますますご活躍の様子で、ご同慶《どうけい》の至《いた》りです。

意味

相手にとって喜ばしいことが自分にとっても喜ばしい。

例文

・御社が創立30周年を迎えられるとのこと、ご同慶の至りに存じます。
・お子さんが合格されたとうかがいました。まことにご同慶の至りです。

わがことのように喜んでいる

相手にとって喜ばしいことがあれば、わがことのように喜ぶのが人間関係をスムーズに進める秘訣。親しい人なら、「よかったね。私も嬉しいよ」と、くだけた言い方でいいのですが、相手がそれほど親しくない人だとそうもいきません。

そんなときに使えるのが、この熟語。「慶」は、「慶事《けいじ》」「慶賀《けいが》」という熟語に使われるように、めでたい意味を持つ漢字です。これと「同」を組み合わせることで、「あなたと同じくらい、私もめでたく喜ばしく感じています」という意味になるわけです。通常は、例文のように「ご同慶の至り」という使い方をします。「至り」は「このうえない」という意味を示します（→17ページ）。

ですから、本当に心から喜んでいる気持ちを伝える語句として、さまざまな場面で使うことができます。お祝いごとはもちろん、ビジネス上の儀礼的なメールや挨拶《あいさつ》でも使えます。「ますますご活躍のこと、ご同慶の至りに存じます」でもいいでしょう。こうした一文を、まるごと決まり文句としてストックしておいて、ここぞというときに使えば、「おお、なかなかデキるやつだな！」と評価されること疑いなしです。

ご高配《こうはい》

平素は格別なご高配《こうはい》にあずかり、厚く御礼申し上げます。

意味

相手が自分に払ってくれる配慮のこと。

例文

・先日は身に余るご高配をいただき、誠にありがとうございました。
・今後とも変わらぬご高配を賜りますよう、お願い申し上げます。

「高」で相手を高める

相手の配慮によってものごとがうまく運んだときに、この熟語を使ってお礼を言うと礼儀正しい人だと思われることでしょう。面識のある相手ならば「ご配慮いただき、ありがとうございます」でもかまいませんが、かなり目上の人やそれほど親しくない人が相手のときは、「ご高配」が適当です。「高」という漢字を使うことで、相手を高めて敬っているわけです。

また、かしこまった対応が必要な取引先や客先にメールを送る場合、「いつもお世話になっております」の代わりに、「平素は格別なご高配にあずかり、厚く御礼申し上げます」という定型句を冒頭に使うことができます。

すでに受けた恩義に対する感謝にも使えますし、これから配慮してもらうことへの期待にも使うことが可能です。

前者の場合、たとえば「身に余るご高配をいただき、感謝いたします」あるいは「ご高配を賜り、ありがとうございます」という文章になります。後者の場合は、「ご高配のほど、よろしくお願い申し上げます」「ご高配いただければ幸いです」といった言い方になります。

冥《みょう》利《り》に尽《つ》きる

【類義語】冥《みょう》加《が》

教え子が社会に役立つ人となることを知って、教師冥《みょう》利《り》に尽《つ》きる。

意味

その立場や職業ならではの幸せを感じる。

例文

・満員のお客さんから万雷の拍手を受けるのは、まさに役者冥利に尽きる。
・昔付き合った女性たちからも尊敬されているなんて、男冥利に尽きますね。

仏さまがこっそり与えてくれる利益

「この仕事をやってよかったな」「この立場になったことで幸福感を覚える」と感じることができれば、こんな喜ばしいことはありません。そうした気持ちを示すことばです。「冥利」の前につくことばは、技術者、教師、営業職、作家などの職業や職種でもいいですし、社長、監督、店長などの職務や立場を示すことばでもかまいません。「男冥利に尽きる」「女冥利に尽きる」という表現もありますし、「○○として冥利に尽きる」という言い方もします。

「冥」は「暗い」という意味で、「冥土《めいど》」「冥界《めいかい》」などの熟語でおなじみでしょう。「冥利」は仏教に由来することばで、もともとは仏さまがこっそりと与えてくれる利益のことをいいました。それが転じて、知らず知らずのうちに与えられる利益を指すようになり、さらには自分の行動によって得ることのできる幸福を意味するようになったのです。

「冥」を使った別の熟語として、「**冥加**」があります。時代劇で「命《いのち》冥加なやつよ」というせりふを聞いたことがあるかもしれません。これもやはり、仏から与えられる加護を指すことばに由来しています。

干天《かんてん》の慈雨《じう》

【類義語】地獄《じごく》に仏《ほとけ》

経営に行き詰まっていたので、低利の融資の話はまさに干天《かんてん》の慈雨《じう》だった。

意味

待ち望んでいたものごとがかなうこと。苦しい状態でいるときの救いの手。

例文

・悩み多き学生時代の私にとって、モーツァルトの音楽は**干天の慈雨**のように感じられた。

・圧政に追われた人たちにとって、日本のビザは**干天の慈雨**といえるものだった。

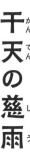

日照りにも、どしゃぶりにも救いの手

毎年気候変動が話題となり、大雨や干ばつのニュースが世界のあちこちから入ってきます。川や湖が干上がって、大地がひび割れている映像を目にしたことがあるでしょう。干天とは、雨が降らないそんな気象状況を指します。

そこに雨が降ってくると、大地は生気を取り戻して、植物も生き返ったように成長を始めます。まさに恵みの雨、慈悲の雨というわけで、それが文字どおりの「干天の慈雨」の意味です。

それが転じて、苦しんでいる状態や辛い境遇に対する救いの手を指すことばとして使われています。多くの場合、「干天＝苦しい状態、辛い境遇」が、かなりの期間続いている状況で使われます。「慈雨」に当たる救いの手は、金銭的な援助はもちろん、モノ、芸術、格言、さらには助けてくれた人間も含めて、さまざまなものが対象として使えます。

似た表現に「**地獄に仏**」があります。「郊外で大雨に降られたが、ちょうどタクシーが通りかかって、まさに地獄に仏だった」のように、「干天の慈雨」よりも身近なできごとや偶然の幸運にも使えます。

お世話《せわ》さま

（宅配便を受け取ってサインをして）

お世話《せわ》さまでした！

意味　お手数をかけてくれてありがとう。

例文

・（集金にやってくる金融機関の人に）
いつもお世話さまです。

・（クリーニングした服を受け取って）
お世話さま。

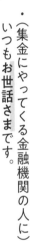

ありがとうを乱発するよりも

タクシーから降りるとき、宅配便の荷物を受け取ったあとなどに、運転手や担当者になんと声をかけるか悩んだことはありませんか。シンプルに「ありがとう」と言う人もいれば、それを見て「お金を払っているのに、ありがとうはおかしい。俺は何も言わないぞ」と文句を言う人もいます。仏頂面で済ますのはいただけませんが、たしかに「ありがとう」と言うのも違和感を覚えることがあります。最近──といってもここ何十年かですが、「ありがとう」が乱発されているような気もします。

子どものころから「ありがとうを言いなさい」と教え聞かされてきたからかもしれませんが、「ありがとうと言っておけば無難」という感じもして、「ありがとう」のありがたみが薄れているような気がします。

では、なんと言えばよいのか。喫茶店やレストランなら「ごちそうさま」、タクシーやバスから降りるときは「お世話さま(でした)」がいいと思うのです。ただし、使う相手には注意が必要です。「お世話になります」と似ているからといって、目上の人や仕事先に使うと、失礼に感じられるかもしれません。そこは素直に「ありがとうございます」がいいでしょう。

痛《いた》み入《い》ります

たしかにおっしゃるとおりです。ありがたいご忠告、痛《いた》み入《い》ります。

意味

心から感謝します。ありがたく思い、恐縮します。

例文

・過分なおほめのことばをいただき、痛み入ります。
・この度の温かいお心遣い、痛み入ります。

恐縮する気持ちもプラス

テレビドラマで耳にしたという人も多いでしょう。単なる「ありがとうございます」に加えて、「相手の厚意や言動が自分にはもったいないくらいだ」という謙遜の気持ちが含まれています。

「痛み」は、申し訳なく感じるときに使う「心が痛む」のイメージ。それに、深い感情を込めた「入る」が合わさったことで、感謝の気持ちを表しつつも相手に恐縮する気持ちを示すわけです。

覚えておきたいのは、目上の人からの忠告や苦言に対する返答の場面です。自分に対して厳しい言動が投げかけられたときに、「きつい指摘だけど、自分のためを思って言ってくれているんだな」と思えば、ありがたく感じられるものです。そんなとき、相手に対する敬意の気持ちを込めて「ご忠告、痛み入ります」と答えるのが立派な大人です。

ただ、他人行儀なことばなので、目上の人といっても、親しい上司や知人には使わないほうがいいかもしれません。「なんだ、そのよそよそしい態度は。せっかく忠告してやっているのに、イヤミで返すのか！」と勘ぐられてしまいます。

おいとまします

長々とおじゃましてしまいました。
そろそろおいとまします。

意味　帰ります。

例文
・退院も間近と聞いて安心しました。この辺でおいとましますね。
・今日はお招きくださり感謝いたします。会社に戻るので、おいとまいたします。

暇を乞う

訪問先から帰ろうと思ったときに、なんと言いますか？　友人の家なら「じゃあ、そろそろ帰るね」でもいいですが、目上の人や取引先の会社だとそうもいきません。「そろそろ失礼します」では、いかにも決まり文句で温かみが足りません。そんなとき覚えておくとよいのが、「おいとまします」という挨拶です。

「いとま（暇）」とは、もともと休みや暇な時間を指すことばでした。「忙しくて休むいとまもない」や「枚挙にいとまがない」という使い方に、その意味が残されています。そこから、相手に「いとま」を乞うことば（別れの挨拶や別れを告げることば）として、「いとまごい」という名詞ができました。その「いとま」を動詞として使うと、「おいとまします」になるわけです。古くから綿々と伝わることばだと思うと、味わい深く感じます。

友人宅から帰るときであっても、相手の家族がその場にいれば、ちょっと格好をつけて使うのもいいでしょう。ただし、自分の会社から帰るときには使いません。他人行儀になりますし、「ひまをもらう」という意味につながるので、「おや、この人は会社を辞めるつもりで、もう戻ってこないのかな」と思われてしまいます。

ひとかたならぬ

【類義語】なみなみならぬ

かねてより、ひとかたならぬお引き立てを賜り、心より感謝いたします。

意味

なみたいていではない。ひととおりではない。

例文

・前職ではひとかたならぬお世話になり、厚く御礼申し上げます。
・旧年中はひとかたならぬご厚情をいただき、誠にありがとうございました。

普通ではない

挨拶や文章など、改まった場面で使われることが多いことばです。「ひとかた」とは漢字で「一方」と書いて、「ちょっとしたこと」「ひととおりのこと」「程度が普通のこと」を意味します。

それに、古めかしい「なり」という断定の助動詞がついて「ひとかたなり」（ひとかただ）になって、さらにそれを打ち消して「ひとかたならぬ」（ひとかたではない）というのですから、程度が普通ではなく、「なみたいていではない」「非常な」「大変な」という意味になるわけです。

例文にもあるように、主にお礼や感謝を述べるときに、相手のありがたい行為や言動を強調するために使われます。

似た意味のことばに「**なみなみならぬ**」があります。程度が普通である点では、「一方」も「並」も同じですから、「並々なり」を打ち消した「並々ならぬ」も同じような意味となります。ただし、「なみなみならぬ苦労に直面しました」のように自分に対しても使えるのに対して、「ひとかたならぬ」は他人に対してのみ使うのが大きな違いです。

享受《きょうじゅ》する

地方に移住し、自然の恵みを享受《きょうじゅ》して
のびのびと暮らす。

意味 自分のものとして受け入れて活用する。

例文
・新しい技術のおかげで、
便利で安全な生活を享受している。
・創業以来、連綿と続いてきた
会社の信用を享受してきた。

プラスのことを受け取るときに

「そもそも国政は、～その福利は国民がこれを享受する」というのは日本国憲法の序文の一節。だから日本国民はみな意味を知っている……ということはなく、あまりなじみのないことばかもしれません。

「享」の訓読みは「享（う）ける」なので、「享受」は似たような意味の漢字2つを組み合わせた熟語です。とくに、「自分（たち）にとってプラスになることがらを受け取り、それを楽しんだり活用したりする」ときに使われます。

受け取るものは、「恵み」「信用」などの抽象的、精神的なものが多いのですが、具体的なものとして「多額の遺産を享受した」という言い方もします。この場合、単に「多額の遺産を相続した」というよりも、「遺産をたくさんもらったおかげで、私は人生を楽しんでいます」という気持ちが読み取れます。

もともと「享」には、「神に供え物をする」という意味があり、そこから「供えたものを受け取る」という意味が派生したと考えられます。人が亡くなったときに、「享年○（歳）」という言い方をしますが、これは天から授かった寿命という意味で使われているわけですね。

過分《かぶん》の

先日は、
過分《かぶん》のお心遣い
ありがとうございます。

意味

自分にとって扱いが過剰なこと。

例文

・過分なお品を頂戴し、心から感謝いたしております。

謙遜と感謝の気持ちを

自分にふさわしい「分」を過ぎているという意味で、「私のような者にはもったいない扱い」というへりくだった気持ちを示します。謙遜と感謝の気持ちを同時に示すことができるので、とくにビジネスシーンでは重宝します。

招待を受けたときの返信にも使われます。参加、不参加の表明をする前に、「過分なるご配慮をいただき」と冒頭に入れてから、「あいにくですが、当日は先約がありまして参加することができません」と失礼のないように結べば完璧です。

CHAPTER 2

評価・応援のことば

有《ゆう》終《しゅう》の美《び》を飾《かざ》る

最後に大仕事をやり遂げ、まさに有《ゆう》終《しゅう》の美《び》というにふさわしい引き際だった。

意味　よい終わり方をする。

例文

・物産市の最終日に最高の売上を記録し、有終の美を飾ることができました。
・皆様のご協力のおかげで有終の美を飾ることができ、心より感謝いたします。

素晴らしく終えられて、やったね！

「終わりよければすべてよし」ということばがあります。途中経過はどうだったにせよ、終わり方がよいといい印象を残します。逆に、いくらプロセスがよくても、最後がうまく決まらないと、しまりが悪い印象を与えてしまいます。

「有終」は、まさによい終わり方をしたことをほめたたえることばです。通常は、「有終の美」「有終の美を飾る」という使い方をして、「素晴らしい終わり方をした」ことを「やったね！」と賛美します。「優秀の美」と書くのは誤りです。

他人がやったことはもちろん、自分（たち）がしたことに対しても使えます。もっとも、「自分が有能だったので有終の美を飾ることができた」というわけにはいきませんから、例文のように「皆様のおかげで……」という前置きを入れるのがよくあるパターンです。

もともとは中国の古典『詩経《しきょう》』の一節「初《はじ》め有《あ》らざるなし、克《よ》く終わり有《あ》るは鮮《すくな》し」に由来しています。これは、直訳すると「最初をやらない人はいないけれども、うまく最後までやる人はいない」ということで、最後までやり遂げることの難しさを説いたものです。

願《ねが》ったりかなったり

【類義語】願《ねが》ってもない

勤務地が近くて給料も上がるなんて、願《ねが》ったりかなったりの転職となった。

意味

希望や期待がそのまま実現すること。願ったとおりにかなえられること。

例文

・低利で住宅購入の融資が受けられるのは、私にとって願ったりかなったりだ。
・2社が得意分野で補完できるので、お互いに願ったりかなったりの提携だ。

条件に合った願いごとをした結果

希望や期待がかなうことほど、嬉しいことはありません。そんな気持ちをストレートに表現したのがこのことば。「たり」が2回出てくるので、「飛んだり跳ねたり」のように2つを並べて表現する助詞の「たり」と誤解されがちですが、そうではありません。どちらの「たり」も、完了を意味する助動詞で、現代語にわかりやすく直すと、「願ったよ、かなったよ」という意味になるわけです。

このことばは、自分自身が努力や苦労をして実現したのではなく、自分が設定した条件にぴったりの結果がもたらされたときに使います。

ですから、「苦労して勉強したおかげで成績がアップした。願ったりかなったりだ」とは言いません。

古めかしいことばを使っているわりには、くだけた表現なので、あまり親しくない目上の人や取引先に対して使うと失礼になってしまいます。親しい取引先ならば、「それは当社にとっても願ったりかなったりの条件です」と言ってもいいでしょう。

類義語は「**願ってもない**」。「チャンス」「申し出」の名詞を付けて使います。違いは、まさか実現するとは思わなかったのに、幸運にも実現した様子を表している点です。

ご賢《けん》察《さつ》のとおり

さきほどの件、ご賢《けん》察《さつ》のとおり、水面下で交渉が進んでいるようです。

意味

相手がこちらの事情を正しく推し量る。

例文

・先日来の雪害のために到着が遅れますこと、ご賢察いただければ幸いです。
・私どものお恥ずかしい内部事情をご賢察いただき、心から感謝いたします。

わかってると思うけど……

仕事相手や客を前にすると、こちらの側にいろいろと弁解したい状況があっても、「私たちの状況は理解しているでしょうね」とは口にできないもの。そんなとき、ちょっと遠回しに伝えるのに便利なのが、このことばです。

「察」は、相手の心の中や事情を推し量るという意味の「察する」。それと、相手を尊敬する意味で使われる「賢（かしこ）い」を組み合わせた熟語です。そのままの意味で使えば、相手が言ったことを受けて、「お考えのとおりに」「お気づきの通りに」という同調を表します。

もちろん、そうした使い方もあるのですが、逆に相手の発言を待たずに、「私が言わなくても、もうご存じですよね」「私どもの事情もお察しください」という意味合いで、理解を求める使い方もよくされます。つまり、自分たちに引け目があった場合に、「事情があるので、あまり責めないでくださいね」と、相手にやんわりと釘を刺す効果を狙っているわけです。下手をすると、「弁解するな」「それはあなたがたの問題だろう」と言われかねない状況ですが、相手を敬う「賢察」という熟語を使うことによって、場をうまく収めようとするわけです。

慧《けい》眼《がん》

【類義語】炯《けい》眼《がん》

時代の流れを見極める慧《けい》眼《がん》を持つことが、リーダーに求められる能力の一つだ。

意味 ものごとの本質や潜在価値を見抜く力。

例文

・新人を新しい担当に抜擢した部長は、まさに**慧眼**の持ち主といっていい。

・株価暴落を予測して、大量に株を売った妻の**慧眼**には恐れ入る。

すべてはお見通し

伸びる組織というのは、部下の潜在能力を見抜いて仕事を割り振ったり、適材適所に配置したりする上司がいるものです。そんな能力ある人をたたえて「慧眼の持ち主」や「慧眼の士」などという言い方をします。

「慧」という字はなじみがないかもしれませんが、もともと「知恵」という熟語は仏教用語の「智慧」に由来しています。「慧」には、「道理を見抜く力」「悟りが早い」「賢い」といった意味があります。そして、仏教用語では「慧眼」を「えげん」と読み、この世の真理を悟る能力を持つことを意味します。このことばが一般化して「けいがん」と読まれるようになり、「ものごとの本質を見抜く能力」や「鋭い洞察力」を意味するようになったのです。

人の能力を見抜く力だけでなく、将来を見通す眼力を指すこともあります。「慧眼に敬服します」「慧眼に脱帽します」などと言ってもいいでしょう。

似た意味の熟語に「**炯眼**」があります。読みも同じです。ただ、「炯」には「鋭く光る目」という意味があり、ごまかしを見破る眼力を持つ厳しそうな人のイメージです。

ゆかしい

彼は知性的な人物だが、それをひけらかすことがない、ゆかしい人柄だ。

意味　引きつけられるような魅力を持つ。

例文

・宿場町の名残を感じさせるゆかしい町並みの風情だ。
・この町では、毎年秋になると古式ゆかしい神事が開かれる。

いいね！

学校の古文の時間によく出てきた単語として覚えている人も多いでしょう。現代語でもしぶとく生き延びています。「なんとなくいいなあ」と感じたときに、「いいね！」の代わりに「ゆかしいね！」と口にしてみませんか。おっとりとした時間が流れていくように感じます。

「ゆかしい」の語源は「ゆく（行く、往く）」で、心がそちらに向かっていく、つまり心が引かれていく様子を表しています。実際に、古文の「ゆかし」は、見たい、聞きたい、知りたい、会いたい、欲しいなど、心が引かれるあらゆることがらについて幅広く使われていました。現代語でも、できごと、人の振る舞い、人の様子、物語など、どんな対象にでも使えるので便利なことばです。とくに、人に使われる場合、周囲を引きつける洗練されて上品な人を指します。

さらに、その「引きつけ方」が差し出がましくなく、上品さのレベルが高い人や様子に対しては、「奥」を前につけて「おくゆかしい」（↓128ページ）と呼びます。「床しい」という漢字を使うことがありますが、これは当て字であって、床（ゆか、とこ）とは関係がありません。

趣《おもむき》深《ぶ(ふ)か》い

この庭園は、春の桜もいいけれど、秋の紅葉の風景が趣深《おもむきぶ(ふ)か》い。

意味

味わいがあって心にしみる。風情がある。

例文

・旅先で、地元の人にまじってゆっくり午後のコーヒーを飲むのは趣深い。

・夕方の商店街を歩いていると、どこからか趣深いメロディが流れてきた。

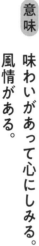

「エモい!」を大人っぽく

感動して心が動かされたときに、思わず出てくることばで、その人の知性がうかがえることがあります。近年は若者たちに「エモい」という語が流行していますが、さすがにいい年をした大人どうしの会話で、「これ、エモいね!」じゃ、ちょっとお里が知れてしまいます。

じゃあ、なんと言えばよいか。「いいね」「感動的だね」ばかりでも、ありきたりで語彙の不足を感じさせてしまいます。そこでおすすめなのが、この「趣深い」や「ゆかしい」(→56ページ)です。

趣(おもむき)には、「しみじみとした味わい」という意味があります。もとになった動詞「おもむく」は「赴く」という漢字を当てていますが、大昔にさかのぼると、動詞「赴く」も名詞「趣」も語源は同じ。「おも(面)」が「むく(向く)」ことに由来しています。つまり、顔がそちらに向けられるように、動詞は「赴く=相手先を訪ねる」、名詞は「趣=心が引かれる様子」となるわけです。

読みは「おもむきぶかい」が一般的とされますが、「おもむきふかい」と濁らずに読んだほうが、和語の柔らかい語感が伝わると思います。

いとおしい

一人でぼんやりとたたずんでいる彼を見て、いとおしいと思った。

意味

とてもかわいく感じる。気の毒に思う。

例文

・生まれたばかりの子猫が、まだよちよち歩きでいとおしい。
・地震で家族を失った子をテレビで見て、いとおしく感じる。

同情の気持ちが加えられて

「かわいい！」は、もはや日本国内にとどまらず、世界でも「KAWAII！」で通用することばになりました。でも、何を見ても「かわいい！」しか言わない人を見ていると、ちょっと語彙が不足しているんじゃないかと、人ごとながら心配になってきます。10代の若者ならまだしも、25歳を過ぎたら別の表現もストックしておきたいものです。

「かわいい」に近い、別の和語というと、この「いとおしい」がまず思い浮かびます。「愛」の漢字を使って「愛おしい」と書きますが、これは意味を考えてあとから当てたもの。もとは「いとほし（いとおし）」という古語に由来しています。

「いとほし」には、「つらい、心苦しい」という意味があり、そこに同情の気持ちが加わって「気の毒な、かわいそう」という意味ができて、さらには「守ってあげたい、守りたいほどかわいい」という意味が生じたわけです。

現在ではもっぱら「かわいい」という意味が中心ですが、そこには弱々しいものや気の毒に感じられるものに対して「守ってあげたくなる」「抱きしめてあげたい」という気持ちが、しばしば込められています。

ご自《じ》愛《あい》ください

【参考】慈《じ》愛《あい》

時節柄、ご自《じ》愛《あい》のほどお過ごしください。

意味

ご自身の体調を大切に。健康に気をつけて。

例文

・まだまだ厳しい暑さが続きますので、どうかご自愛くださいませ。
・風邪が流行っているようですので、くれぐれもご自愛ください。

なれなれしくもなく、ほどほどていねいに

仕事上でほどほどの知り合いへのメールをどう締めくくるか、悩むことはありませんか。「じゃあ、またお会いしましょう」ではなれなれしいし、かといって「何卒よろしくお願いいたします」「今後ともご指導を賜りますよう～」では堅苦しいし……。そんなときに便利なのが「ご自愛ください」です。

相手に対して「ご自分を愛してください」と使うことで、「お体を大事にしてください」という、いたわりや気遣いの気持ちを伝えることばになります。

風邪をはじめとする感染症への注意はもちろん、暑さや寒さ、乾燥、湿気などについて、一年中なにかしら書くことができます。

注意すべきなのは、あくまでも健康な人に対して使うこと。すでに体調を崩している人には使えません。その場合は、「お大事になさってください」「一日も早いご回復をお祈りしています」で、メールや手紙を結ぶのがいいでしょう。

同じ発音で「**慈愛**」ということばがありますが、これは子どもや目下の者などをいたわる愛情を意味します。個人的な感想として「あの社長は慈愛に満ちた人だ」と言うことはありますが、ビジネスシーンではあまり使いません。

叱《しっ》咤《た》激《げき》励《れい》する

【参考】叱《しっ》責《せき》

未熟な私を叱《しっ》咤《た》激《げき》励《れい》してくださった皆様に、心から感謝申し上げます。

意味

叱りながら励ます。元気づけて励ます。

例文

・部署に配属されてきた新人を叱咤激励する。
・弱音を吐いてばかりいる子どもを叱咤激励した。

励ましの気持ちを強く

最近では会社でもスポーツ界でも、部下や選手をほめて実力を伸ばすことの大切さがいわれています。とはいえ、ほめられて伸びる人もいれば、叱られたほうが伸びるという人もいるようです。「叱咤」というのは、主にその後者に向けた対処といってよいでしょう。

もともと、「叱」も「咤」も「しかる」という意味を持つ漢字です。ですから、この2つの漢字が組み合わさった「叱咤」には、「大声を張り上げて叱りつけること」という意味があります。ただし、実際には単に叱ることだけでなく、励ましのニュアンスも多少含まれています。

そこで、「激励」という語を後ろにつけて「叱咤激励」となると、「励まし」の気持ちがいっそう強く感じられます。たとえば、異動や退職の挨拶、さらには結婚式のスピーチなどで、周囲に対するお礼のことばとしてよく使われます。

「叱咤」にそうしたプラスの意味がある一方で、100％マイナスの意味で使われる熟語が「**叱責**」です。こちらは、うるさい上司が青筋を立ててガミガミと怒ったり、ネチネチと文句を言っている様子が思い浮かびます。

鋭《えい》意《い》進《すす》めております

鋭《えい》意《い》準備を進《すす》めておりますので、間もなく公開できると思います。

意味 頑張って取り組んでいます。一生懸命やっています。

例文
・次回の会議の資料ですが、鋭意作成中ですのでもう少々お待ちください。
・今後もご期待に添えますよう、鋭意努力をしてまいります。

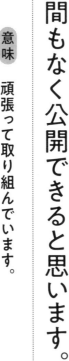

「鋭」が真剣さを表す

仕事というものは、往々にして予定どおりに進まないもの。上司や取引先から、「あの仕事はどうなっている?」「例の件、いつごろになりそうですか?」とせっつかれたときに便利なのがこの熟語です。もちろん「今やっているところです」「頑張っています」でもいいですが、相手に対するイメージがよくありません。

その点「鋭意制作中です」「鋭意進めております」と言われると、相手も「きちんとやっているんだな」と理解してくれることでしょう。「鋭」という字があることで「気持ちを鋭くしている」、つまり、真剣に取り組んでいるという前向きな意志が感じられます。

もっとも実際には、「まだ全然進んでいないんだよなあ」「ああ、すっかり忘れていた」というときの言い訳に使われることもよくあります。そんなとき、バカ正直に「進んでいません」「すっかり忘れていました」と言うわけにはいきません。とりあえず「鋭意進行中です」と答えておき、必死に遅れを挽回することに努めましょう。できれば、「鋭意進行中です。来週明けには必ずお送りします」といったように、期限を同時に伝えるといった心がけも大切です。

遅《ち》滞《たい》なく進《すす》める

イベントの成功には、それぞれの作業を遅《ち》滞《たい》なく進《すす》めることが大切だ。

意味

予定どおりに進める。期日に遅れない。

例文

・期限が切迫しておりますので、遅滞なく納入をお願いいたします。
・大雪の影響で、荷物の到着に遅滞が生じている。

できる限り早くして

期限のある業務をしていて、「遅滞なく〜お願いします」と言われることがあります。もちろん遅れてはならないという念押しでしょうが、それでも「大至急」「速やかに」よりも、余裕がありそうに感じられる表現です。

「遅れが出ている」という意味で「遅滞が生じる」「遅滞がある」と肯定文で使うこともありますが、多くは「遅滞なく〜する」という打ち消しの形で使われます。

法律用語としては、「直ちに」や「速やかに」の語に感じられる「何があってもすぐさま」という切迫感はやや弱く、「できる限り早く」という意味だとされています。逆にいえば、特別の事情がある場合は、多少の遅れは許されると解釈できます。とはいえ、何時間以内、何日以内という具体的な数字は決まっていないので、契約書に「遅滞なく」と記すのはトラブルのもと。具体的な期限や日数を記したほうがいいでしょう。

法律用語として使われるケースが多いために、日常の場面で「遅滞なく」を使うと堅苦しく聞こえます。ですから、あまり親しくない取引先とのやりとりや、少し格好をつけたいときなどに見られます。

佳《か》境《きょう》に入《はい》る

【参考】佳《か》作《さく》

プロジェクトが佳《か》境《きょう》にさしかかり、メンバーの士気も高まっている。

意味 最も盛り上がる部分にさしかかる。

例文

- 社長のスピーチが佳境に入り、社員は真剣な眼差しで聞き入っていた。
- 今の仕事が佳境に入っており、申し訳ないけれどお手伝いできません。

重要な局面

「佳」の字は「よい」という意味で、音読みは「カ」。よく「桂」(かつら/ケイ)と間違われますが、まったく別の字です。「佳人」「**佳作**」という熟語でも、よく目にします。ちなみに、「佳作」はもともと「とてもよい作品」という意味なのですが、「まあまあの作品」だと誤解されがちです。文学や美術の選考で「入選」の下のレベルに置かれることが多いためでしょう。

「佳境」は、ドラマや物語で一番盛り上がる場面を指すことばで、「佳境を迎えた」「佳境に入った」と使われます。一続きのシリーズのなかで最も盛り上がる部分を指すことばです。

ビジネスシーンでは、一定期間続いている仕事がまさに重要な局面を迎えたときによく使います。今では、単に「仕事が一番忙しいとき」にも使われるようになりました。たしかに重要な局面は、忙しい時期でもあるので間違いとはいえません。

ただし、「佳境を迎えた」を、「終わりを迎えた」という意味で使うのは誤りです。「キャンペーンもようやく佳境となり、残るは一日となった」というのは、よほどの盛り上がりを見せている場合を除いて、適切な表現ではありません。

先《せん》鞭《べん》をつける

【類義語】先《せん》手《て》を打《う》つ

「ウォークマン」は、移動しながら音楽を楽しむライフスタイルの先《せん》鞭《べん》をつけた。

意味　他に先んじて、新しい分野に着手する。

例文
・子ども向けのマンガが全盛だった時代、青年向けの劇画の先鞭をつけた作品。
・彼は、コンピュータを使った分析に先鞭をつけた社会学者だ。

誰よりも先駆けて

「先鞭」の「鞭」は「ムチ」のこと。ですから、「先鞭をつける」というのは、「誰よりも先に馬に鞭を当てる」。つまり、「誰よりも早く行動する」という意味になります。もともとは古代中国の『晋書《しんじょ》』という書物に由来することばです、「ライバルの武将が自分よりも先に馬に鞭を打って戦場に乗り込み、功名をあげてしまったらどうしようと心配していた」という故事にもとづいています。

現代日本では、人より先んじて新しい分野――しかも従来の発展の線上ではなく、それまでなかった画期的で斬新なものを開発した人や先駆となったものごとを指すときに使います。似たような意味のことばに「**先手を打つ**」があります。これは、特定の相手と競争していることを前提としており、ときには相手を出し抜いたり妨害したりというニュアンスを含む場合もあります。

これに対して「先鞭をつける」は、ほかの誰もがやっていなかったことを、誰よりも先駆けて実現したというニュアンスが強く込められています。

後先だけをいう「**先手を打つ**」とは違い、中身の質までを含めて考えたうえで、創造的な行為を示す表現といってよいでしょう。

あだやおろそかにはできない

ここに至るまで受けた恩義は、あだやおろそかにはできません。

意味

いい加減に扱うことはできない。軽く見たり粗末にしたりできない。

例文

・命を助けていただいたことに感謝し、あだやおろそかには生きていきません。
・この絵一枚に費やされた歳月を思うと、あだやおろそかには扱えない。

深い感謝の気持ち

相手がほどこしてくれた行為に対して、「あだ」にもできないし「おろそか」にもできないと、深い感謝の気持ちを伝えることばです。「あだ」については、「あだ花」ということばを聞いたことがあるでしょうか。実がならない花のことを指すことばであり、「あだ」は「役に立たない」「むなしい」という意味で『伊勢物語』などの古典にも登場します。

そこから「いい加減に扱うこと」「おろそかにすること」という意味が派生してきました。漢字では「徒」という字を当てています。「徒」には、「いたずらに」「無駄な」という意味が含まれています。

「おろそか」は現代語でも使いますね。この2つの語をどちらも打ち消すことで、「いい加減に扱ったり、おろそかにしてはいけない」という意味になるわけです。「や」を省いて「あだおろそかにしない」という使い方もします。

どちらかというと、小説などの文学的な文章で目にすることが多く、日常生活ではあまり聞いたことがないかもしれません。逆に、とっておきの場面で使えば、相手に強い印象を与えることができるはずです。

大向《おおむ》こうをうならせる

新社長は、大向《おおむ》こうをうならせる妙手で他社の買収攻勢を退けた。

意味　優れたテクニックで多くの人を感心させる。

例文
・新人議員とは思えない弁舌を振るい、大向こうをうならせた。

目の肥えた人が感心

「大向こう」とは芝居（歌舞伎）からきたことばで、舞台から遠い正面後方にある席を指します。料金は安いけれど、芝居通の人たちが陣取っている席です。さらに、そうした席に陣取って、「○○屋！」と声をかける人たちを指すようになりました。

そんな芝居をよく知っている人たちを「うーん、いいね」と、うならせるほどの優れた芸を見せることが「大向こうをうならせる」です。それが転じて、一般の世界でも、優れた技術で目の肥えた人を感心させることをいうようになりました。

CHAPTER
3

依頼・承諾のことば

忌《き》憚《たん》なく

ご不明の点がありましたら、忌《き》憚《たん》なくおっしゃってください。

意味

気兼ねしないで。遠慮なく。

例文

・実りある結論を導き出すために、皆様の忌憚のない意見をお聞かせください。

・失礼ながら、この件についての私の意見を忌憚なく申し上げます。

ワンクッション置いて

会議でよく耳にすることばです。お互いがあまり面識のないメンバーのときなどに、場の緊張をほぐして活発な議論をしてもらうために進行役がよく使います。実際、会議の冒頭に「忌憚のない意見交換をしましょう」とひと言発するだけでも、雰囲気が変わることがあります。

もっともよほど事情がない限り、いきなり激しい批判やドキッとする意見を述べるのは考えもの。「無神経だ」と思われてしまいます。

「忌」は宗教的なタブーとして、けがれを避けたり神聖なものに近寄ったりしないことを指す漢字で、訓読みは「忌（い）む」。「憚」は「憚（はばか）る」で、気兼ねや気遣いをして避けることを指します。通常は、「忌憚のない～」「忌憚なく」というように、打ち消しの語とともに使われます。

自分の意見を率直に述べたいときに、前置きとして述べる使い方もあります。聞き手としては、いきなり耳が痛いことを言われるよりも、このように前置きをしてもらったほうが心の準備ができます。もちろん、これを使うときには、例文のように「失礼ながら」「大変恐縮ですが」ということばを添えたほうがいいでしょう。

ざっくばらん

【類義語】胸襟《きょうきん》を開《ひら》く

初顔合わせですので、まずは
ざっくばらんに意見を出し合いましょう。

意味

遠慮をしないで。
肩ひじ張らずに本音で。

例文

・ざっくばらんに言わせてもらえば、あのデザインは野暮ったいね。

・先方の社長はざっくばらんな人柄なので、緊張することはありませんよ。

遠慮もないが、図々しくもない

会議や打ち合わせで、参加者のストレートな意見や心情が聞きたい場合によく使われます。たとえば、面識のない人が集まったミーティングで参加者が緊張気味と見えるとき、進行役の人が「ざっくばらんに意見を出し合いましょう」と言うことで、活発な発言を促す効果があります。また、人柄を表現するときにも使えます。「ざっくばらんな人」とは、「裏表のない人、親しみやすい人柄」など好印象な様子を表します。

ただし、状況や使い方によっては、「無遠慮で図々しい人」「ストレートな物言いをする空気が読めない人」という意味で使われる場合もまれにあります。ポジティブとネガティブいずれにもなりうるため、使うときは状況判断が大切です。くだけた印象のことばなので、本当に改まった場面にはふさわしくありません。そんなときは、「忌憚なく意見を出してください」と言うのがいいでしょう。

語源はたしかではありませんが、「ざっくり」と「ばらり」が組み合わさって、江戸時代に広まったという説が有力です。類義語には、「**胸襟を開く**」があり、「胸襟を開いて話し合いましょう」という使い方をします。

ご査収《さしゅう》ください

明日の打ち合わせの資料を添付しましたので、ご査収《さしゅう》願います。

意味

受け取ったものの内容を確認してください。

例文

・申請に必要な書類一式を送付しました。ご査収ください。

・ご指摘の点を修正した報告書を添付しましたので、再度ご査収のほど、よろしくお願いいたします。

内容を確認してください

資料や書類を送付するときに、メールの本文や送り状に使われます。「手違いがないように、内容を確認していただけますか」という意図を示します。つまり、「受け取ってください」と「確認してください」をひと言で表す便利なことばです。受け取った側は、内容をたしかめたのちに「確認しました」と返信します。

「査収」を使うのは、あくまでも内容を確認すべき品物や書類を送るときに限ります。売り込みのためのカタログや、自分の著作物などを一方的に送るときには、「査収」はふさわしくありません。「よけいな手間をとらせるんじゃないよ」と気分を害されてしまいます。そんなケースでは、「ご高覧いただければ幸いです」「ご笑覧《しょうらん》ください」とするのがいいでしょう。

もし、「ご査収ください」ではなく、「受信した旨をお知らせください」とあったときは、すぐに「間違いなく受信いたしました。これから内容を確認いたします」と返事しましょう。相手は、メールや手紙が迷子にならずに、無事に届いたかどうかを心配しているからです。内容に対する意見や感想などは、追って返信すればいいのです。

ご笑《しょう》覧《らん》ください

【参考】ご笑《しょう》納《のう》

私の書いた文章が広報誌に掲載されました。ご笑《しょう》覧《らん》いただければ幸いです。

意味

軽い気持ちで見てください。

例文

・この度、異動先でこんな小冊子を作成しました。ぜひご笑覧ください。
・恥ずかしながら友人と写真展を開催します。パンフレットを同封しましたので、どうぞご笑覧ください。

見てやってください

目上の人に見てもらうという意味では「高覧」に似ていますが、ニュアンスがやや違います。「笑」という漢字からもわかるように、「笑いながら見てほしい」「お恥ずかしい限りですが、見てやってください」というへりくだった気持ちが、「高覧」よりも強く込められています。同じく「笑」を使った「**ご笑納ください**」も、「どうぞ受け取ってください」というへりくだった意味で使われます。

具体的には、自分の文章や作品などを気軽に相手に見てもらいたいとき、「高覧」よりもカジュアルな場面で使われます。ですから、ビジネスに関わる文章や作成物には使いません。「笑って見るようなレベルのものを書いてきたのか！」と、相手を不快にさせてしまいます。

もっとも、ビジネスを離れた個人的な付き合いがある人に対して、自分の撮った写真、自分の書いた文章などを見てもらう機会があるときに使うなら問題はありません。さらにいえば、そうしたものを送る際「笑覧」と書いておけば、たとえ内容がよくなくても相手は「仕方ない」と思ってくれるかもしれません。手厳しい批評を受けないよう、予防線を張る効果も期待できます。

異《い》存《ぞん》がない

先日のご提案について、当社としては何の異《い》存《ぞん》もありません。

意味 その意見や考えに不服がない。賛成である。

例文

・さきほどの意見に対して、異存がないと考えてよろしいですか。

・昨今の社会情勢のもと、事業の拡大に対しては異存がある。

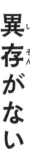

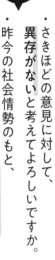

柔らかめに反対する

会議やミーティングをしていると、進行役が「ご異存はないでしょうか」と発言をすることがあります。「異存」とは、そのとき取り上げられている意見や考えに対して、「同意できない」「不服である」という意味を表す熟語です。

ですから、そう聞かれたとき、同意できるなら「異存（は）ありません」、納得できないときは「異存があります」と答えます。もし、全員に異存がなければ、進行役は「異存がないようなので、次の議題に進みます」となるわけです。

「存」には、「～と存じます」という用法があるように、「思う」「知る」などの意味があります。ですから、「異存」が「反対」「不服」を示す意味になるわけです。

一般には、「異存がない」「異存ありません」のように打ち消しの語を伴って使うことが多いのですが、「異存があります」という言い方をすることもあります。

たとえば、ビジネスシーンでは、ストレートに「反対です」「不服です」とは言いにくい場面も多々あります。そこで、ややソフトに聞こえる「異存」を使って、「その提案には異存があります」と立場を明らかにしたうえで、持論を展開するとスムーズに進むかもしれません。

暫《ざん》時《じ》

まだまだ議論が尽きませんので、
ここで暫《ざん》時《じ》休憩といたします。

意味

しばらくの間《あいだ》。
一時的に。

例文

・この問題については利害関係者が多いので、
暫時調整が必要かと思われます。
・ただいま調査をしておりますので、
暫時の猶予をお願いいたします。

はっきりするまでの間

「暫」は訓読みで「暫（しばら）く」。「暫定的」といえば、正式に定まったものではなく、確定するまで一時的にしておく様子のことです。この字と「時」とが結びつくことで、「暫時」は「しばらくの間」という意味になるわけです。

具体的にどの程度の時間を表すのかは、それぞれの場面によって異なります。10分の場合もあれば、1か月かかることがあるかもしれません。はっきりと所要時間を確定できないので、あえて「暫時」としてぼやかすこともあります。

用法としては、「暫時○○する」というように、副詞的に使われることが多いのですが、「暫時の猶予を～」のように名詞として使われる場合もあります。「暫時の猶予をお願いします」は、「暫時お待ち願います」と同じ意味です。

「暫時」は、発音が似ているために、「漸次《ぜんじ》」（→90ページ）と混同されがちです。こうした難しいことばをスピーチで使いたがる人をときどき見かけますが、誤解を受けやすいので避けたほうがいいでしょう。

使うのは文字に書くときにとどめ、口頭では「しばらく（の間）」「一時的に」「少しの間」などに言い換えることをおすすめします。

漸《ぜん》次《じ》

お客様のご要望に耳を傾けて、
サービスの改善を漸《ぜん》次《じ》進めてまいります。

意味

少しずつ。だんだんと。
徐々に。

例文

・乗り換えの便が向上したこともあって、利用者が漸次増加している。
・部署の再編にともない、経理の仕事は漸次新会社に引き継がれていった。

迅速よりはゆっくりと

「漸」という漢字は、訓読みで「漸（ようや）く」。少しずつ、だんだんと変化したり、実現したりする様子を表します。数学で習った「漸近線」を覚えているでしょうか。曲線に限りなく近づいていくものの、交わることのない直線のことです。あれは、「少しずつ近づいていく線」という意味だったのです。

一方、「次」には「順次」「次第に」という熟語で使われていることからわかるように「順序」という意味があり、次々に変化していくことを示します。

つまり、「漸次」は、時間の変化とともに少しずつものごとが変化していく様子を表しているのです。通常は、「漸次○○する」という形で使われます。ただし、状況によっては、「漸次進めます」ではスピード感に欠けるという印象になる恐れがあります。それを避けるなら、「迅速に進めます」「速やかに取り組みます」としたほうがいいでしょう。

発音が似ていることから、「暫時《ざんじ》」（↓88ページ）とよく混同されます。スピーチや会話で使うときは、誤解を避けるために「徐々に」「しだいに」「だんだんと」に言い換えたほうが無難です。

ご指《し》導《どう》ご鞭《べん》撻《たつ》

今年もまた引き続き、ご指《し》導《どう》ご鞭《べん》撻《たつ》のほど、よろしくお願いいたします。

意味

強く励ましながら教えること。

例文

・部署は変わりますが、今後ともご指導ご鞭撻をお願いいたします。
・未熟な二人ですので、何卒ご指導ご鞭撻賜りますようお願い申し上げます。

ムチを持って教える⁉

異動の挨拶や結婚披露宴でのスピーチなどで、よく使われるのがこのことば。「ご指導」はわかっても、「ご鞭撻」はよくわからないという人もいるでしょう。「鞭」はムチのことで、「鞭撻」は「鞭を打つ」という意味になります。

「鞭を使うなんてパワハラじゃないの？」と思うかもしれませんが、これは「愛の鞭」のことで、「強く励ます」という意味です。もっとも大昔の先生は、黒板の差し棒を鞭のように使って、悪さをした生徒を実際に叩いていたものです。童謡にも「雀の学校の先生は、鞭を振り振りチーパッパ」とありますね。

よく使われるのは、冒頭に書いたように異動や結婚披露宴のように、人間関係の距離がそれまでと変わる場面です。そんなとき、異動する人や結婚する人（つまり鞭打たれる側の人）が、「今後も、未熟な私を厳しく指導してください」という謙虚な気持ちを示すときに使います。

一方、「今後ともよろしくお願いします」という挨拶の決まり文句としてもよく使われます。年賀状に「今年もご指導ご鞭撻をお願いいたします」とひと言加えれば、なかなかできる人だと株が上がるかもしれません。

深《しん》謀《ぼう》遠《えん》慮《りょ》

深《しん》謀《ぼう》遠《えん》慮《りょ》をめぐらして、損失を被らずに済むよう対策をした。

意味

深く考えをめぐらすこと。将来を見通した計画を立てること。

例文

・経営陣による深謀遠慮の結果、その事業から撤退することに決めた。
・全滅の危機を免れることができたのは、司令官の深謀遠慮のおかげである。

よいことも悪いこともじっくり考える

ビジネス関係の評論でよく目にする四字熟語です。後半の「遠慮」は、普段よく使う意味とは別の意味で使われています。文字どおり「遠くを慮（おもんぱか）る」、つまり「遠く将来のことを思いやる」という本来の意味で用いられているのです。現代語の「遠慮」は、そこから転じて、「現時点ではおとなしくしている」「控えめにしている」という意味になりました。

「深謀」は、深くじっくりと計画を立てること。「謀」の訓読みは「はかりごと」で、「謀略」「陰謀」という熟語の印象も強いので、「深謀遠慮」という文字だけを見ると、何か悪いたくらみのイメージが湧いてきますが、そうではありません。漢字の「謀」にも和語の「はかりごと」にも、じっくり計画を立てるという意味があって、よいことにも悪いことにも使われるのです。

作戦や計画を立てる人が「参謀」、無計画なことを「無謀」ということからもわかるでしょう。

むしろ現代語では、「深謀遠慮」はよい意味で使われるケースが大半です。動詞と組み合わせて、「深謀遠慮をめぐらす」「深謀遠慮を練る」などとも使います。

鶴《かく》首《しゅ》して

こちらから連絡をとるわけにもいかず、ただ鶴《かく》首《しゅ》して吉報を待つばかりです。

意味

まだかまだかと、待ちわびて。

例文

・お忙しいところとは存じますが、鶴首してお返事をお待ちしております。
・関係者はみな、鶴首してその瞬間を待っていた。

イラっとさせない催促

「首を長くして待つ」という表現があります。まだかまだかと待ちわびる様子を示す慣用句です。実際に駅で電車がなかなか来ないときに、首を伸ばしてホームの端を眺めている人をよく見かけますが、昔から何かを待ちこがれるときは、首を長くしていたのでしょう。

鶴《つる》という鳥は首が長いのが特徴ですから、「鶴首して待つ」というのは、まさに「首を長くして待つ」と同じ意味になるわけです。一般に、よい知らせや期待される結果を待つときに使われます。

たとえば、仕事のレポートや社内報の原稿などを送ってほしいとき、「まだですか、まだですか」とせかすのはスマートではありません。あまりしつこくせっつくと、相手がへそを曲げてしまう恐れもあります。そんなとき「鶴首して原稿をお待ちしております」とかしこまった言い方をすると、相手は気が引き締まり、「これ以上待たせるわけにはいかない」と感じてくれるでしょう。

敏腕編集者と呼ばれる人は、そうしたテクニックに長《た》けた人のように感じられます。あくまでも個人的な印象ですが。

魚心《うおごころ》あれば水心《みずごころ》あり

相手が譲歩してくれたのも、魚心《うおごころ》あれば水心《みずごころ》ありということなのだろう。

意味

一方がその気になれば相手も応じてくれる様子。お互いに気持ちしだいでうまくいくたとえ。

例文

・魚心あれば水心ありですから、今回の費用はうちが全額払いましょう。
・魚心あれば水心ありというから、黙ってこれを受け取ってくださいな。

お互いさまです

時代劇のせりふで耳にした人が多いかもしれません。強欲商人が悪代官に向かって、「魚心あれば水心ありと申しまして」と言いながら賄賂《わいろ》を差し出すシーンです。元来は「魚、心あれば、水、心あり」ということわざで、「魚が水になじむ心があれば、水も魚を受け入れる」というのがもともとの意味です。それを人間関係に当てはめて、「一方が好意を持てば、もう一方も好意を持つ」つまり、「片方がその気になれば、お互いに心を通い合わせるものだ」という意味で使われます。

いい意味で使われれば、ほのぼのとしていますが、いつしか「私がこれだけご奉仕しているんですから、見返りをいただきたいものです」という悪い意味で使われることが多くなってしまいました。悪い意味で使われる場合は、魚心や水心を「下心《したごころ》」と解釈するとよくわかります。「あなたも下心があるんでしょう、私もそうですよ」というわけです。

日常生活で使うことは少ないと思いますが、親しい友人どうしなら、何かをごちそうしたときに冗談で使うと盛り上がるかもしれません。もっとも、相手がこのことばを知っていることが前提ですが。

斟《しん》酌《しゃく》する

二人の言い分を斟《しん》酌《しゃく》したうえで、最終的な判断を下すことにします。

意味

相手の事情を推察して、うまく取り計らう。

例文

・善意からの行動であることを斟酌して、懲戒処分にはしないと決定した。
・採用試験に斟酌を加えたことが、今になって大きな問題となっている。

察して、なおかつ取り計らう

かなり堅苦しい熟語で、以前は裁判や行政に関する文書において、「諸般の事情を斟酌して～」という文をよく見かけました。ビジネスシーンでは、現在でも形式張った社内文書でときどき見ることがあります。

「斟」は、酒や水などの加減を見ながら汲み取るという意味。「酌」は酒を汲むことで、「お酌をする」ということばが現在でも使われています。

この2つの漢字を組み合わせた「斟酌」は、もともと酒を酌（く）み交わすことを意味していましたが、だんだんと「相手の事情を推し量る」「気持ちを察する」という意味に変化していきました。

さらに、ただ推し量ったり察したりするだけにとどまらず、そのうえで「相手のためにうまく取り計らったり、気をつかって手加減をしたりする」という意味に広がっていきました。そのため、「えこひいきや不正を加える」のようにネガティブな意味で使われることもあります。

そうした意味の広がりや変化は「忖度《そんたく》」（→298ページ）と共通するところがあります。どちらも、似たような道をたどって変化してきた熟語です。

一献《いっこん》傾《かたむ》ける

この仕事が一段落したら、ぜひ一献《いっこん》傾《かたむ》けましょう。

意味

いっしょに酒を飲む。酒を振る舞う。

例文

・これまでのご苦労をねぎらうために、一献差し上げたいと申しております。
・全員揃うまで時間がかかりそうなので、まずは一献いきましょう。

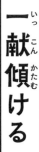

飲みに行きましょう！

お互いが腹を割って話をするために、いわゆる「飲みにケーション」は、ビジネスに限らず大きなウエイトを占めています。そんなとき、「今度、ぜひ一杯やりましょう」でももちろんいいのですが、いかにも安居酒屋で安い酒を飲むイメージが湧いてこないでもありません。

相手が教養や地位のある人ならば、「折を見て、一献傾けましょう」と言ってみてはいかがでしょうか。「お、この人はできるな」と一目置かれるかもしれません。「一献」とは、さかずき一杯の酒のことですが、もともとは「最初に口にする1～3杯」を指していたといいます。

「献」には、「献上」「献呈」という熟語があることからわかるように、目上の人に何かを差し上げる、奉るという意味が込められています。ですから、客先や取引先に使うのに適しているわけです。

現在では、酒宴やコンパなど、酒を飲む集まり自体を指すこともあり、「今度一献設けましょう」という言い方もあります。さらに、乾杯の挨拶や音頭取りに際して、「では一献行きましょう」「とりあえず一献」という言い方もするようです。

諾《だく》否《ひ》

もう少し考えてみて、最終的な諾《だく》否《ひ》を今週中に伝えようと思っている。

意味

承諾するかしないか。
イエスかノーか。

例文

・来週に開催される総会について、参加の諾否をお知らせください。
・全員に招待状を出したが、まだ諾否が戻ってきていない人がいる。

どちらかはっきり答える

第二次世界大戦で日本軍がシンガポールを占領したとき、降伏したイギリス軍守備隊長が条件交渉をしようとしたところ、日本軍司令官の山下奉文《やましたともゆき》陸軍中将は「イエスかノーか」と強気に迫ったと伝えられています。

子どものころ、このエピソードを聞いたとき、「日本軍の司令官なのに、なぜ日本語を使わないんだろう」と不思議に思ったものです。しかし、よく考えてみると、日本語ではなかなかいい表現が見つかりません。とくに和語にすると、「はいかいいえか」になり、子どもを相手にしているようで格好がつきません。

もちろん現代でも、イベントで出欠をとるときなど、「イエスかノーか」を相手に問う場面はよくあります。では、日本語でどんな聞き方があるでしょうか。

よく使われるのが、漢語の「諾否」です。「諾」は「承諾」だからイエス、「否」はノーという意味です。ですから、「イエスかノーか」「承諾するかしないか」「引き受けるか断るか」を聞きたいときに使えるのです。

「諾否をお知らせください」と尋ねる側が使うのはもちろん、「今日中に諾否を伝えようと思う」のように、答える側が使うこともできます。

万障《ばんしょう》お繰《く》り合《あ》わせのうえ

万障《ばんしょう》お繰《く》り合《あ》わせのうえ、ご参加くださいますようお願いいたします。

意味 ご都合をつけてぜひ。

例文
・来月開催される理事会には万障お繰り合わせのうえ、ご出席ください。

丁寧に強く

会合や集会の参加を促す文面でよく目にします。丁寧なことばづかいに見えますが、「どんな障害も乗り越えて来てください」という意味ですから、「絶対に来て！」という強い気持ちが込められています。ですから、気楽な集まりではなくマンションの総会、会社の重要会議など必ず参加してほしいときに用いるのが適当です。

似た表現に「万難を排して」がありますが、これは「万難を排して実現する」のように、主に自分たちの意気込みを表明するのに使われます。

CHAPTER 4

印象・賛辞のことば

敬《けい》服《ふく》する

【類義語】感《かん》服《ぷく》

どんな場面でも笑顔を忘れない彼の態度には敬《けい》服《ふく》するばかりだ。

意味

相手の人格や振る舞いに対して、尊敬の気持ちを抱く。

例文

・相変わらずのご活躍に対して、いつもながら**敬服**いたします。

・御社の社長の寛大なお人柄は、まさに**敬服**の至りに存じます。

心から感心する

「感服する」と似た意味ですが、多少意味合いが違っています。「感服」は、そのときそのときの相手の具体的な行動やことばに対して感心することを意味します。それに対して「敬服」は、相手の人格や振る舞いなど、その人が持つ性格や気質全体に対して尊敬の念を抱いたときに使うのが、大きく違う点です。

ですから、例文では「どんな場面でも」「いつもながら」「お人柄」ということばとともに使っていることに注目してください。この例文の「敬服」を「感服」に置き換えると、完全な間違いとはいえないまでも違和感が生じてしまいます。また、その人が持ち合わせている性格を対象にするため、「敬服」は、現在形とともに使うのが一般的です。「お人柄に敬服いたしました」と過去形にしてしまうと、「そのときは敬服したが、今は敬服していないのか」と受け取られてしまいます。

「感服」なら、そのときの相手の行動に感心することなので、過去形とともに使っても差し支えありません。

「敬服」は「感服」以上に、尊敬の度合いが強い表現です。相手の素晴らしさに対して、深く頭を下げたくなるような気持ちのときに使うのがよいでしょう。

ご高説《こうせつ》

昨日の会議では、販売方法に関するご高説《こうせつ》を賜り感謝しております。

意味

優れたご意見。
立派なお考え。

例文

・改めて日程を調整して、先生のご高説を拝聴したいと考えております。
・宴会の席では課長のご高説を長々と聞かされて、うんざりしたよ。

皮肉にならないように気をつける

「高」という漢字がついていることからも、「ご高覧」や「ご高配《こうはい》」(→30ページ)と同じように相手を敬う言い方だとわかるでしょう。「説」というのは「説明」「解説」の「説」ですから、相手の考えや発言を優れたものとして扱う気持ちを示します。

尊敬すべき人物、かなり目上に当たる人に対して使うのが一般的です。「賜る」「拝聴する」などのことばとの組み合わせが似合う、ちょっと大げさな表現です。実際の場面では、もう少し柔らかく「ご高説をうかがいたい」「ご高説をいただきありがとうございました」でもかまいません。

逆に大げさな表現だからこそ、「うんざり」「聞き飽きた」といった表現と組み合わせると、皮肉を込めた言い方になります。たとえ悪気がなくても、使い方や場面を誤ると、相手はからかわれたと感じることもあるので要注意です。

よほどの大先生を相手にするときは別として、ビジネスシーンで「高説」を使わなくてはならない場面は少ないと思います。「お話を拝聴できて感謝しております」「ご意見をうかがうことができれば幸いです」などで十分でしょう。

理《り》路《ろ》整《せい》然《ぜん》

【類義語】首《しゅ》尾《び》一《いっ》貫《かん》【反対語】支《し》離《り》滅《めつ》裂《れつ》

自分の考えを理《り》路《ろ》整《せい》然《ぜん》と話せる人こそが、頭のいい人だ。

意味　話す内容や文章が、きちんと筋道の通っている様子。

例文

・理路整然とした文章なので、一度読んだだけで内容が理解できた。

・理路整然たる語り口で、彼はみずからの主張を聴衆に納得させた。

矛盾がない組み立て

解説文や評論を書くときに、何よりも大切なことです。「理路」とは、話の組み立てのこと。その順序が整然としていれば、文章や会話が論理的に展開され、前から順に読んでいくだけで内容が頭に入ります。たとえば、問題提起があって、それに関する実例が示され、それをもとに結論がまとまっているという理路整然とした文章ならば、読んでいて「なるほど」と納得できます。ところが、解説書や評論文などを読んでいるときに、突然聞いたこともない用語が出てきたり、前に述べた前提と矛盾した説明が出てくる「**支離滅裂**」な（つまり、筋道が通っていない）文章があると、読者は混乱する一方です。大きな声ではいえませんが、やっつけ仕事でつくると、そんな結果になりがちです。理路整然とした文章にまとめるには、書きっぱなしではなく、よくよく推敲《すいこう》することが大切です。

似た意味のことばに「**首尾一貫**」があります。これは、冒頭（首）から最後（尾）までぶれずに一貫していることを意味します。「理路整然」は「話題がいろいろと展開しても矛盾が生じない」というイメージですが、「首尾一貫」は話題の展開よりも、ぶれのなさや矛盾のなさに注目している印象があります。

辣《らつ》腕《わん》を振《ふ》るう

【類義語】敏《びん》腕《わん》

その辣《らつ》腕《わん》ぶりが評価されて、異例の抜擢を受けることになった。

意味　ばりばり働いて優れた仕事ぶりを発揮する。

例文
・彼は環境が変わったのが幸いし、子会社の社長として辣腕を振るっている。
・辣腕上司のもとで働いたことで、ビジネスの基礎を学ぶことができた。

ポジティブな称賛

仕事ができる人を形容することばはいろいろありますが、この「辣腕」もその一つ。何事にもためらわない行動力があり、頭の回転が速く、パワフルな働きで次々と課題を解決していくような人を表します。とくに、役職についた人やリーダーの仕事ぶりを称賛するときに使われ、「辣腕を振るう」という言い方が一般的です。

ときには無理を通す「やり手」のイメージもありますが、基本的にはポジティブな評価として使われます。また、「辣腕＋職務を表す名詞」の形で、「辣腕弁護士」「辣腕マネージャー」「辣腕記者」などの表現もよく使われます。

「辣」は、もともとピリッと辛い様子を指す漢字で、中華料理に欠かせない「ラー油」は、漢字で「辣油」と書きます。最近よく知られるようになった「麻辣味《マーラーあじ》」は、山椒（花椒）による舌の痺《しび》れるような味を表す「麻」と、唐辛子によるひりひりした辛味を表す「辣」を組み合わせた語です。そこから、「辣」という字には、「激しい」「厳しい」「つらい」という意味も出てきました。激しいまでの腕前を持つ人ということで、「辣腕」が使われているのです。似た熟語に「**敏腕**」がありますが、辣腕は、それに激しさが加わった印象を受けます。

鷹揚《おうよう》な

【類義語】泰然自若《たいぜんじじゃく》とした

先方の社長は鷹揚《おうよう》な人なので、そんなに緊張する必要はないよ。

意味

細かいことにこだわらない様子。おっとりとして落ち着いた人。

例文

・心配してもいいことはないので、鷹揚にかまえていればいい。
・記者から厳しい質問が投げかけられたが、鷹揚な態度で受け答えをしていた。

器の大きさがわかる

　飲食店で店員がちょっとしたミスをしたとき、あるいは部下や取引先がささいな失敗を犯したときに、どんな対応をするかで、その人の人となりがわかるものです。相手のうっかりミスに、おおらかに対応する人を見ると、器の大きな人だなと感じます。

　そんな「おおらかな人」「こせこせしない人」を形容するほめことばがこの「鷹揚」です。「鷹」は鳥のタカで、「揚」の訓読みは「揚（あ）がる」。中国の古典『詩経《しきょう》』に由来する熟語で、鷹が大空をゆうゆうと飛揚するように、ゆったりと落ち着いている様子を思い浮かべてみてください。

　もちろん、相手のミスへの対応だけでなく、普段から振る舞いが落ち着いている人や、目先のつまらないことに執着しない人など、態度や性格を指すことばとして広く使われます。また、何か失敗をして落ち込んでいる人に対して、「鷹揚にかまえていればいいよ」と落ち着かせるときにも使います。

　「**泰然自若とした**」も意味は近いことばですが、こちらはその人に備わっている性格や気質を表すときに、もっぱら使われます。

恰幅《かっぷく》のいい人《ひと》

【類義語】貫禄《かんろく》のある人《ひと》

このスーツのデザインなら恰幅《かっぷく》のいい人でもすっきり見える。

意味

体つきがしっかりした人。押し出しのある人。太った人。

例文

・この町内会の有力者は、恰幅のいい人が多い。

・うちの父は恰幅がいいから、金持ちだと思われているようだ。

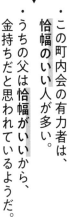

本来はほめことば

昔々栄養状態が悪かった時代、「肥満」という語には必ずしも悪いイメージはなく、むしろ金回りがよさそうな人を指していたのだといいます。ところが、今や肥満というと、自分の体重や体型をコントロールできないダメ人間扱いです。面と向かって「太ったね」と言えるのは、家族かよほど親しい友人くらいでしょう。

では、どう呼べばいいのか。そんなときの言い換えに便利なのが、「恰幅のいい人」という言い方です。このことばからは、単に太っているというだけでなく、堂々とした人、存在感のある人を連想させます。類義語に「**貫禄のある人**」がありますが、「貫禄のある人」は必ずしも太めの人だけを指すとは限りません。

このように「恰幅のいい」は、本来ほめことばだったのですが、「太った」の言い換えに使われるうちに、最近は嫌がられるようになってきたようです。ですから、面と向かって「恰幅がいいですね」というのは避けたほうが賢明です。せめて、仲間うちで「○○さんってどんな人だっけ？」「ほら、あのいつもにこやかで恰幅のいい人だよ」という感じで使うのがいいでしょう。もちろん、女性に対して使うのは禁物です。

乳母日傘《おんばひがさ》で育《そだ》つ

彼は乳母日傘《おんばひがさ》で育《そだ》てられたことを隠して、わざと下品なことばを使うんだ。

意味

子どもがとても大切に扱われて育つ。過保護に育てられる。

例文

・乳母日傘で育ったから人柄はいいけれど、この逆境を乗り越えられるかな。

・二代目は乳母日傘で育って苦労を知らないから、会社の行く末が心配だ。

育ちがいいのか甘やかされたのか

見るからに育ちがいいと感じる人がいます。上品で穏やか、細かいことにこだわらず金離れのいい人を見ると、そんなことを感じます。そんな育ちのよさを形容するのが、このことばです。

「乳母」は母親の代わりに乳を与えて育てる女性のことで、乳母がいるのは相当な上流階級でした。読みは「うば」ですが、「御」をつけて「御乳母」(おんうば)となったのが短くなり、ここでは「おんば」と読ませます。

そんな乳母に抱かれて日傘をさしてもらう子どもなんて、よほど大切に育てられた子でしょう。実際には現代日本ではほぼ存在しませんが、あくまでも比喩《ひゆ》として、非常に大切に育てられたことを意味することばです。

もっとも、大切さが過ぎると過保護や甘やかしになります。ですから、「あの人は乳母日傘で育てられたからね」という表現は、育ちがいいとほめているのかもしれませんが、もしかすると「甘やかされて育ったから、現実がわからないんだよ」と皮肉で言っているのかもしれません。言うほうも聞くほうも注意する必要があります。

才《さい》気《き》煥《かん》発《ぱつ》

【類義語】当《とう》意《い》即《そく》妙《みょう》

才《さい》気《き》煥《かん》発《ぱつ》な彼女の活躍で、シンポジウムは大いに盛り上がった。

意味

頭の回転が速くて即座に適切な判断ができる様子。才能が満ちあふれている人。

例文

・会議では才気煥発ぶりを発揮して、あらゆる質問に対して即応していた。
・彼は幼いころから才気煥発で、なみいる大人たちを驚かせていた。

才能があり瞬発力のある人へのほめことば

いわゆる「頭のいい人」にも、いろいろなタイプがあります。じっくり考えて結論を出す人、弁舌さわやかで周囲をリードする人など。なかでも、頭の回転が速くててきぱき物事を進める能力のある人の様子を指して、「あの人は才気煥発だ」とほめことばで使います。

「才気」という2字だけでも、優れた才能によって巧みに物事をこなすことを表し、「才気みなぎる人」「才気あふれる作品」などという使い方をします。そして、「煥発」の「煥」はあまりなじみのない漢字ですが、火へんであることからも見当がつくように、パッと光輝くことを示す漢字。それに「発」が加わるのですから、まばゆいばかりの光を放つ様子が思い浮かぶでしょう。つまり、「才気煥発」全体で、才能にあふれて頭の回転が素早い人や様子を指すわけです。

似たような意味の四字熟語に、「**当意即妙**」があります。「才気煥発」は人間の気質や能力を表すのに対して、「当意即妙」はその場その場の見事な受け答えや対応を示します。ですから、「才気煥発な人」が「当意即妙な受け答え」をするわけです。

一方、「才気煥発な人」とは言っても「当意即妙な人」とは言いません。

打《う》てば響《ひび》く

【類義語】ツーといえばカー

試験官の質問に対して、打《う》てば響《ひび》くような受け答えをするので舌を巻いた。

意味

相手の働きかけに対して、素早く反応する。相手の意図を理解して機転を利かせる。

例文

・基本的なことを説明するだけで、彼女は打てば響くように行動してくれる。
・いつもながら、打てば響く二人のやりとりを見て思わず笑ってしまう。

リアクションが抜群

お寺の鐘をガーンと打ったら、間髪を入れずにワワワーンと響きます。それと同様に、何かの働きかけがあったら、即座に反応があることをたとえています。具体的には、相手が望むことに対して、その内容を素早く理解して行動できることをほめていることばです。「才気煥発《さいきかんぱつ》」（↓122ページ）というと、頭脳明晰で天才肌のイメージがありますが、「打てば響く人」はもう少し範囲を広げて、相手の意図をよく理解して機転を利かせたり、相手が望むことをすぐに察してくれる人全般を指します。あなたが上司だったら、そんな部下がいればどんなに楽なことでしょう。

仕事の場面に限りません。仲間うちで誰かがちょっとした軽口を叩いたり皮肉を飛ばしたりしたら、すぐにその内容を理解して笑ったり、素早く冗談で切り返したりする様子もまた、「打てば響く」と表現します。それは、「あの二人はツーカーだ」と言うときの「ツーカー（の仲）」に通じます。「**ツーといえばカー**」ということばは、一人が「ツー」（……っつうことだよ）と言うだけで、もう一人が瞬時に理解して「カー」（そうかあ）と答える様子を指しますが、これもまたお互いが「打てば響く」関係にあるといってよいでしょう。

一《いち》目《もく》置《お》く

彼は若いのにいい人脈を持っているので、

周囲は一《いち》目《もく》置《お》いている。

意味

相手の実力を認めて敬意を払う。

相手を高く評価する。

例文

・いつも一歩先を読んで行動する彼女は、上司から一目置かれている。

・遊んでばかりいるのに試験でいい成績をとる彼に、教師たちは一目置いている。

囲碁由来のことば

囲碁に由来する慣用句は、日常生活で意外に多く使われています。「布石《ふせき》を打つ」「捨て石」「駄目押し」などとともに、この「一目置く」もその1つ。一目は碁石一個分を指すことばです。

囲碁は、先手のほうが後手よりも有利なため、対戦相手の実力差によっていろいろなハンデが設定されています。その一つとして、実力の劣るほうが先に碁石を1つ置いて（一目置いて）から対局を始める方法があります。つまり、一目置くことは、相手の囲碁の実力が自分より上だと認めることになります。そこから、相手の実力を認めて敬意を払うことを、「一目置く」と言うようになりました。

実力差がもっと大きいと、先に碁石を2つ、3つと置いてから始めることもあります。そんなところから、「一目も二目も置く」という言い方もあります。

もっとも、対象にするのは自分と同じレベルか目下の人に限ります。このことばには、「敬意」に加えて「評価」の気持ちが含まれていますので、目上の人に使うと失礼になってしまいます。一般社員が「私はこの会社の社長に一目置いている」などと言うと、「何様なんだ！」と怒られてしまいます。

おくゆかしい

おくゆかしいところが魅力の人だけど、その本心を知りたいものだ。

意味

上品で心が引きつけられる。慎み深く物静かな。

例文

・名前も言わずに去っていくとは、なんておくゆかしい人なんだ。
・彼はおくゆかしい性格なのか、なかなか自分の意見を出そうとしない。

一歩引いて周りを立てる

最近では、自分の意見をはっきり述べる人が評価されていますが、これまでの日本の社会ではあまりでしゃばることなく、一歩引いて周囲を立てるような人が評価されてきました。そんな性格や様子を表すのがこの形容詞です。

心引かれる様子を示す「**ゆかしい**」(→56ページ)に「奥」がついてできたことばで、「しみじみと心引かれる様子」というのがもとの意味。そこから、現代語の「慎み深く上品な様子」「物静かで主張が激しくない人」という意味が派生して、「おくゆかしい人」「おくゆかしい性格」などという使い方をするようになりました。「奥床しい」と表記することもありますが、「床」は読みが同じ漢字を当てただけであり、意味はありません。

しとやかな女性を指して言うことが多いのですが、男性に対して使っても失礼には当たりません。男女の分け隔てが薄れてきた現代、活発な女性やおくゆかしい男性がいても、まったく問題ないでしょう。

もっとも、おくゆかしい人だと思っていたら、単に何も考えていなくて発言できないだけだったという可能性もありますが。

薫《くん》陶《とう》を受《う》けた

担当の先生方の薫《くん》陶《とう》を受けたことで、現在の私があるといっても過言ではない。

意味

優れた指導と徳によって教え導かれた。

例文

・私がここに至ることができたのは、上司だったSさんの薫陶の賜物です。
・最後まで職務を全うできたのは、ひとえにみなさまの薫陶のおかげです。

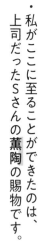

教え導きを称える

卒業、転勤、異動、退社など、区切りのスピーチでよく耳にする熟語です。お世話になった人へのお礼のことばとして、その指導がいかに価値があったのかとほめ上げるために使います。「薫」は「香り」、「陶」は「陶器」を意味する漢字で、この2つが組み合わさることで、よい香りをつけたり、土をひねって陶器をつくったりすることを指します。

これを人間に当てはめて、「よい香りをつける→教養と道徳心のある人物に育てる」「土をひねる→人格を形成する」とみなして、指導者が教え導く様子を称えているわけです。

重要なのは、単に知識を授けるだけではなく、道徳心や人格をも合わせて育むという意味を含んでいること。そのために、感謝のことばにふさわしくなるのです。似た場面で使うお礼のことばに「叱咤激励《しったげきれい》」(↓64ページ)があります。これは叱ったり激励したりと、先生や上司が積極的に働きかけている情景を連想します。

一方、「薫陶」ということばを聞くと、普段は一定の距離を保って見守りつつ、ここぞというときに、しっかりと温かく指導する様子がうかがえます。

人《じん》品《ぴん》骨《こつ》柄《がら》

彼とは何度か話をしたことがあるが、人《じん》品《ぴん》骨《こつ》柄《がら》に問題はないと思う。

意味

外観や立ち居振る舞いから判断される性格や気質。外面ににじみ出る雰囲気や印象。

例文

- 今度こそ、彼女には人品骨柄の申し分ない男性を紹介したい。
- 人品骨柄卑しからぬ紳士が、マンションの上の階に一人で住んでいる。

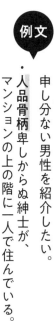

一歩踏み込んだ人間観察

「人は見た目じゃないよ」とよく言われますが、それでもやはり、人相や体つき、服装、持ち物、何気ない振る舞いや表情に、その人の本質がにじみ出てくるものです。主に外面から受けるそんな印象のことを指すことばです。

ただし、外観だけに基づく印象ではなく、何度か会ったり話したりすることでわかる物腰の柔らかさや穏やかな話し方なども、「人品骨柄」に含まれます。

「外面」＋「人柄」といってもいいかもしれませんが、堅苦しい四字熟語だけあって、そこには相手に対する一歩踏み込んだ人間観察もうかがえます。「人品」はその人が持っている品性や気品のことで、上品や下品の「品」です。「骨柄」は体つきから感じられる風格や気品のことを指します。一般には、「人品骨柄に優れた」「人品骨柄がよい」とプラスの意味で使われることが多く、まれに「人品骨柄が卑しい」という用い方も見られます。

『人は見た目が9割』という本がベストセラーになりました。接客業の人によれば、顔つきや目つき、しぐさなどから、その人の育ちや性格は一瞬にしてかなり正確にわかるといいます。くれぐれも気をつけたいものです。

お先《さき》棒《ぼう》を担《かつ》ぐ

【類義語】片《かた》棒《ぼう》を担《かつ》ぐ　【参考】相《あい》棒《ぼう》

膨大な赤字を抱えているのに、なぜあなたまで拡大方針のお先《さき》棒《ぼう》を担《かつ》ぐのか。

意味

人の手先となって軽々しく行動する。首謀者の言いなりになって行動する。

例文

・権力者のお先棒を担いだ結果、事件が発覚するとまっさきに逮捕された。
・どうやらこの評論家が、増税のお先棒を担いでいるらしい。

よく知らずに軽率に

似た意味のことばに「**片棒を担ぐ**」があります。「お先棒」と「片棒」、ここに共通する「棒」は何かというと、駕籠《かご》の上にわたしてある太い棒のことです。

駕籠は、博物館や時代劇で目にしたことがあるでしょう。人が座る部分を太い1本の棒に吊るして、その棒の前後を2人の男（駕籠かき）が担いでいきます。棒の前側を「お先棒」、後ろ側を「後棒（を担ぐ）」と呼びました。どちらか一方を指すときは「片棒」というわけです。

「お先棒を担ぐ」も「片棒を担ぐ」も、どちらもよからぬことをしている印象を受けますが、ニュアンスが違います。「お先棒を担ぐ」というと首謀者の手先になることを意味しますから、ちょっと軽率な人を連想します。

詳細は不明ですが、駕籠の中身も知らされずに、先頭に立って進む様子を表現しているのかもしれません。一方、「片棒を担ぐ」と聞くと、中心人物に近い立場で協力する人、悪くいえば内容をよく知っていて企てに手を貸す共犯者を思わせます。

また、現代語でもよく使う「**相棒**」ということばも、駕籠かきに由来しています。1本の棒を2人で協力して担いでいることから、パートナーの意味になりました。

かけがえのない

かけがえのない時間を有効に使うことが求められる。

意味 このうえなく大切な。

例文

・私の不用意なひと言によって、かけがえのない友人を失ってしまった。

超超大切

友人との会話で使うならば、「とっても大切な人」「チョー大切な人」でもいいのですが、大人どうしの会話や文章で用いるならば、「かけがえのない人」が最適。

あえて漢字で書くと「掛け替えのない」になります。掛けてあるもの（いざというときに備えた大切なもの）に対する替えがない。つまり、取り替えがきかないほど大切なものだという意味になるわけです。人に対して使われるほか、「時間」「思い出」「経験」のような抽象的なものに対して使うこともできます。

CHAPTER 5

程度・感激・驚きのことば

琴《きん》線《せん》に触《ふ》れる

昨日観た映画は、日本人の琴《きん》線《せん》に触《ふ》れる傑作といってよい。

意味

強い感動がもたらされる。大きな感銘を受ける。

例文

・社長のねぎらいのスピーチが、私たちの琴線に触れた。
・リーダーたるもの、部下の心の琴線に触れるような振る舞いをしたいものだ。

心の奥の感情がふるえる

「琴線」とは、文字どおり楽器の「琴」の「線」、つまり琴の弦のことです。琴の弦をつまびくと、心地よい音がしてうっとりしてきますよね。そんな感覚を与えてくれることを、「琴線に触れる」「心の琴線に触れる」という言い方をします。

単に「感動した」というだけでなく、「胸に響いた」「強く感銘を受けた」に近く、心の奥底にあった感情がふるわされたという強い気持ちを表したいときに使われます。とくに、文学、音楽、映画、写真などの芸術作品に感銘を受けたときによく用いられます。

やや大げさな表現なので、日常生活ではあまり使われませんが、ビジネスシーンにおいては社内報や広報誌に記事を書くような機会があれば、とっておきの表現として覚えておくとよいでしょう。

誤った使い方として、近年では「怒りを買う」の意味で、「私のひと言が、上司の怒りの琴線に触れた」という表現をしばしば見かけます。おそらく、「逆鱗《げきりん》に触《ふ》れる」（→２６８ページ）と混同しているのでしょう。とはいえ、触れるものが「龍の鱗《うろこ》」なのか「琴の弦」なのかを考えれば、間違えることはありません。

矜《きょう》持《じ》を保《たも》つ

技術者としての矜《きょう》持《じ》を保《たも》つため、絶対に失敗するわけにはいかない。

意味

自分の能力に対する誇りを維持する。内に秘めたプライドを保つ。

例文

・教育者の矜持にかけて、生徒たちの能力をすくすくと伸ばしたい。
・ここで諦めては、長年この仕事に取り組んできた私の矜持が許さない。

能力の裏付けがあるプライド

普段の会話ではまず使いませんが、スピーチやメールなどで会社の部下を叱咤激励するときなどに、「自分の仕事に矜持を持って取り組んでほしい」という言い方をよく見かけます。

自分の能力をひけらかすことなく、それでいて自分の仕事や業績に誇りを持っている様子を表すことばです。表面的な「自尊心」や「プライド」ではなく、技術や能力の裏付けを感じさせます。

その誇りが踏みにじられそうになったら、「私の矜持が許さない」「矜持を傷つけられた」と、自分自身の気持ちを奮い立たせる言い方をするときがあります。

「矜」という漢字は、「矜持」以外に使われることはほとんどありません。「誇る」「敬う」という意味があり、それに「持」が組み合わさって「誇りを持つ」という意味になるわけです。

「持」の代わりに「恃」を使って、「矜恃」と書くこともあります。もともとは違う意味でしたが、現在は同じように使われているので、違いを意識する必要はありません。

夢《む》想《そう》だにしなかった

夢《む》想《そう》だにしなかった素晴らしい結果が出て、誰もが喜んでいる。

意味

まさか現実になるとは思ってもみなかった。夢にも思わなかった。

例文

・子どものころは、誰もが宇宙旅行できるとは夢想だにしなかった。
・私がこの大学に合格するとは、夢想だにしなかった。

想像もできないよい結果

科学技術は日進月歩どころか、秒進分歩と感じられる今日このごろ。20世紀に生まれた人間にとっては、デジタルカメラやスマートフォン、ドローンをはじめ、子ども時代には想像もできなかったものが身の回りに満ちています。そんな気持ちを表現したいときに、ぴったりなのがこのことば。

「夢想」は、漢字を見ればわかるように、「まるで夢のように実現困難なことがらを想像すること」を意味します。それに「しなかった」という打ち消しが付いているのですから、「想像もしなかった」「実現できるとは思いもよらなかった」という意味になるわけです。通常は、よい結果になった場合に使われます。

「〜だに」は、前に書かれた語を強調する古めかしい言い方で、現代語では「〜さえ」「〜すら」あるいは「せめて〜だけでも」に置き換えることができます。ですから、「夢ですら考えたことがなかった」と言い換えることができるでしょう。

「だに」は、現代語でも「小惑星が地球に衝突するなんて、想像するだに恐ろしい」「このチームが優勝するなんて予想だにしなかった」という言い方があります。あえて古めかしい言い方をすることで、強い気持ちを表現しています。

筆《ひつ》舌《ぜつ》に尽《つ》くしがたい

事故で大けがをして以来、彼の苦労は筆《ひつ》舌《ぜつ》に尽《つ》くしがたいものだった。

意味 ことばではとても表現できない。

例文

・祖父は戦場で筆舌に尽くしがたい体験をしたそうだ。

・今晩のパーティでの彼女のドレス姿は筆舌に尽くしがたい美しさだった。

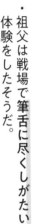

文章にもことばにもできない

テレビの食レポ番組で、「おいしい」「うまい」しか言わないタレントを見ると、「どうおいしいのか説明して！」と画面に向かって言いたくなってきます。とはいえ、同じ立場だったら、とっさに的確な表現は出てこないかなと同情もします。

ましてや、つらい体験を語る場面や、悲しい場面で気持ちをうまくことばにするのは、非常に困難なことでしょう。「筆」とは文章に書くこと、「舌」はことばにして話すことを意味します。つまり、文章でもことばでも表すことができないというわけで、ほとんどの場合、よくない状況で使われます。

本やネットの評論やレビューを読むと、「ことばにできない」「筆舌に尽くしがたい」と書かれているのを見かけますが、それはちょっと困りますね。文章のプロならば、なんとかことばにしてほしいものです。

まれに、「美しすぎて表現することばがない」という意味で使われることもあります。ただし、ひどい様子だったのかと誤解される恐れがありますので、よい意味で使うときには、例文のように、「美しさ」「素晴らしさ」という語を補ったほうがよいでしょう。

粉《ふん》骨《こつ》砕《さい》身《しん》

【類義語】刻《こっ》苦《く》精《せい》励《れい》

新しい部署では初心にかえり、粉《ふん》骨《こつ》砕《さい》身《しん》の思いで頑張ります。

意味　力の限りを尽くすこと。

例文

・どんな難題が降りかかろうと、粉骨砕身の覚悟で取り組みます。
・責任ある役職を拝命して、粉骨砕身、みなさまのために全力を尽くします。

力の限り

漢字のままに意味をとれば、「骨を粉にして身を砕く」ということ。想像するだに恐ろしい情景ですね。もちろん、「〜のために骨を折る」と同じように、あくまでも比喩《ひゆ》であって、力の限りを尽くす様子がひしひしと伝わってきます。

この四字熟語がよく使われるのは、転勤、異動、転職など、周囲の環境ががらりと変わったときに、「気分を新たに頑張ります」「一から出直します」という気持ちで決意表明をする場面です。「一生懸命やります」でもいいのですが、日常的に耳にしない「粉骨砕身」を使うことで、周囲への印象は強くなるわけです。

以前は、就職面接で「御社に採用されました暁《あかつき》には、粉骨砕身頑張ります」とよく使われていたようですが、かなり大げさな感じがします。面接官は、「本当にそう思っているの?」と眉に唾をつけて聞いていたことでしょう。今の時代には逆効果になりそうです。

似た意味の四字熟語に「**刻苦精励**」がありますが、こちらは文章に限って使うほうがいいでしょう。耳慣れない語なので、口頭で言われても文字が思い浮かばないためです。

図《ず》星《ぼし》を指《さ》す

どうせ楽をしてもうけたいだけなんだろうと、図《ず》星《ぼし》を指されて絶句した。

意味

隠された相手の考えや思いを指摘する。推察して言い当てる。

例文

・あいつの下心はわかっていたので、みんなの前で図星を指してやったぜ。
・そのうろたえようを見ると、私の指摘はどうやら図星だったようだ。

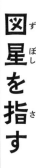

ズバリ当たる

「図星ってどんな星？」と誰もが疑問に思う、このことば。実は、矢の的に描かれた黒い丸のことです。競技で弓を射る人は、その図星を狙って矢を放つわけです。そこから、「図星」は狙いどころや相手の急所を指すようになりました。

図星を指せば大当たり！　というわけです。そんなところから、相手の思惑や下心など、隠していたい内容をずばりと指摘することをいうようになりました。

基本的には、「うっ、図星を指された！」「ほら、図星を指されたでしょう」という受け身の使い方をします。

逆に、言ったほうの立場からは「図星を指した」と言うよりも、「どうだ、図星だろう」「図星だったね」という言い方をすることが多いようです。「指した」の代わりに、「図星を突いた」という言い方も見られます。

このことばは、重大な秘密や犯罪を暴露するときではなく、周囲に知られると恥ずかしいことやしばらく黙っておきたいことを言い当てるときに使われます。

ですから、図星を指された人が逆上することはまれで、「しまった！」「参った！」という反応になることが多いのです。

三顧《さんこ》の礼《れい》で迎《むか》える

【参考】水魚《すいぎょ》の交《まじ》わり、泣《な》いて馬謖《ばしょく》を斬《き》る

彼女のような有能な人材を、三顧《さんこ》の礼《れい》を尽くして迎《むか》えたい。

意味

礼儀を尽くして人材を招く。全力をあげて迎え入れる。

例文

・新しい事業部長を、ライバル会社から三顧の礼で迎え入れた。

・三顧の礼を尽くして執行役員を招いたが、期待外れの結果になってしまった。

全面的に迎え入れる

　有能な人材を外部から招いたときに、よく使われることばです。すんなりと招聘《しょうへい》が決まったのではなく、繰り返し説得をしてやっと来てもらうことができたというニュアンスが込められています。

　もともとは『三国志』に由来する慣用句です。優秀な軍師を求めていた蜀《しょく》の国の劉備《りゅうび》は、田舎暮らしをしていた諸葛孔明《しょかつこうめい》を訪ねるのですが、なかなか会うことができません。そして、3回目の訪問でやっと面会できて、孔明を軍師として招くことができたというエピソードに基づいています。

「顧」には「顧（かえり）みる」という訓読みがありますが、ほかにも「見まわす」「心にかける」という意味があり、そこから派生してここでは「訪ねる」という意味で使われています。

『三国志』には、現代日本でも知られている慣用句がいくつもあり、劉備が諸葛孔明との親密な関係をたとえた「**水魚の交わり**」もその一つです。また、命令に従わず大敗した部下の馬謖を、孔明が私情を捨てて断罪したことに由来する「**泣いて馬謖を斬る**」も、しばしばメディアで見ることができます。

捲《けん》土《ど》重《ちょう》来《らい》

不振で日本から撤退した企業が、捲《けん》土《ど》重《ちょう》来《らい》を期して再び日本に上陸した。

意味

一度敗れた者が巻き返すこと。力を盛り返して復活すること。

例文

・前回落選した元議員が、今回の選挙で捲土重来を果たした。

・ベテラン選手が大けがから回復して、捲土重来に臨む。

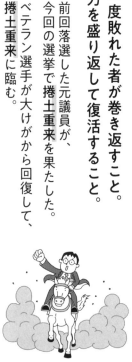

敗北からの復活

ビジネス、政治、スポーツの分野など、勝ち負けがはっきりした世界でよく使われる四字熟語です。「捲土」は土を巻き上げること、「重来」は再びやって来ることを意味します。この2つの熟語が重なることで、いったん戦いに敗れた者が、力を蓄えたのちに土煙をあげながら攻め込んでくる様子が表現されています。

敗北からの復活、そして勝利というプラスの意味を含むことばなので、勝負事の世界で好んで使われます。そのため、メディアの記事でよく目にしたことがあるでしょう。もともとは、唐の時代の詩人杜牧《とぼく》が、英雄項羽《こうう》の死を悼んで詠んだ詩に由来しているといわれています。

復活前の力を蓄えている段階を指して、「捲土重来を期す」という言い方が一般的で、ほかに「捲土重来を図る」「捲土重来を狙う」などとも表現されます。いざ再び勝負の場に出るときは「捲土重来に臨む」、そして勝負をものにして復活したときには「捲土重来を果たす」という言い方をします。

「けんどちょうらい」が正統な読みですが、現在は「けんどじゅうらい」と読んでも間違いではないとされています。

臥《が》薪《しん》嘗《しょう》胆《たん》

不調で二軍落ちした選手が、臥《が》薪《しん》嘗《しょう》胆《たん》の末にエースの座に返り咲いた。

意味

屈辱を晴らすために耐え忍ぶこと。目標達成のために苦労に耐えること。

例文

- 売上が低迷するなか、臥薪嘗胆の思いで新製品開発に取り組んだ。
- 左遷先での臥薪嘗胆が実って、会社に不可欠な人材だと改めて認められた。

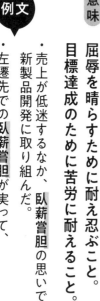

がまんにがまんを重ねて

教科書でこの四字熟語を習った人も多いことでしょう。学校での漢文の授業は必要かという議論がありますが、漢文を通じて古代中国の英雄たちの心情を身近に感じる意義は大いにあると思います。この四字熟語がメディアによく登場するのも、そこに込められた心情が日本人の心にしっくりくるからでしょう。

時代は紀元前5世紀、呉《ご》と越《えつ》の戦いにさかのぼります。呉の夫差《ふさ》は「薪《たきぎ》に臥《ふ》す」、つまり薪の上に寝る度に痛みを感じることで、越の勾践《こうせん》に討たれた父の無念を忘れまいとします。それがかなって夫差が越を破ると、今度は敗れた勾践が「胆《きも》を嘗《な》める」、つまり苦い肝をなめることで厳しい境遇においても復讐心を燃やしつづけ、20年後に呉に大勝するのです。

こうした故事から、「臥薪嘗胆」は「屈辱を晴らすために耐え忍ぶこと」、さらには「目標を達成するために、苦労に耐えること」を意味するようになりました。

同じ四字熟語の「捲土重来《けんどちょうらい》」(↓152ページ)を連想する人も多いでしょう。「臥薪嘗胆」が前提、「捲土重来」が結果という関係であり、「臥薪嘗胆の末に捲土重来がなった」「捲土重来を期して臥薪嘗胆する」と言うことができます。

いやまし

このドラマは回を追うにつれて、おもしろさがいやましになってくる。

意味 ますますもっと多く。さらにいっそう強く。

例文

- 彼女と別れて3か月、さびしさがいやましにつのってきた。
- その曲は作者本人が歌うことで、魅力がいやましに高められます。

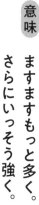

超〜の代わりに

気分や程度を表すことばに「超」を付けることが爆発的に流行したことがありました。「超楽しい」「超きれい」というたぐいです。今もすたれたわけではなく、しぶとく生き残っているようです。「チョー」という語感が、いかにも程度のはなはだしさを示しているようで、とくに若い人の感覚に合ったのでしょう。

もっとも、いい年になっても使っていると、「この人、超幼稚なんじゃない?」と変な目で見られる恐れがあります。ましてや、挨拶状やビジネスの文章で書いたりしたら、知的レベルを疑われかねません。

そこで「超」の代わりに使える候補の一つが、この「いやまし」。「超おもしろい」「超さびしい」という代わりに、「おもしろさがいやましになる」「さびしさがいやましにつのる」と表現すると、格調高く感じられます。「ダダ上がり」「ダダ下がり」の言い換えにも使えますね。

「いやまし」は、万葉集にも登場する古いことばです。漢字で書くと「弥増」で、「弥《いや》」は程度がはなはだしい様子。古めかしい言い方では、長く栄えることをことほぐ「いやさか(弥栄)」ということばもあります。

至《し》極《ごく》

おほめのことばをいただき、

光栄至《し》極《ごく》です。

意味

このうえない。

とても。

例文

・過去5年間の努力を考えれば、

至極当然の結果だと思います。

・ご意見は至極もっともなのですが、

仕入れが滞って作業が進まないのです。

これ以上ない

これも、「超〜」の言い換えに覚えておくといい表現で、「至」も「極」も、このうえのないという意味を持つ漢字です。「至」を使った熟語には「至高」「至上」などがあり、それぞれ下の漢字の意味を強めています。「極」は、「極限」「極悪」でわかるように、やはり「これ以上のものはない」という意味。だから「至極」は、「もうこれ以上このうえのないこと」を示すわけです。

ですから、会社のお偉方がスピーチで「この度は、しごく当然の結果になりました」と語るのを聞いて、『すごく当然』の間違いじゃない？」と思ったら、それは間違い。「至極」と「すごく」（凄く）は発音こそ似ていますが、語源も用法も違うので注意してください。

「至極」は、ほかの熟語の前にも後ろにも付けられます。後に付ける例としては、「恐悦至極」「残念至極」「迷惑至極」「単純至極」などがあります。ビジネスシーンのメールやスピーチでは、「光栄至極」「恐悦至極」を覚えておけばよいでしょう。前に付く例としては、「至極興味深い」「至極愉快な気分」などと使いますが、ちょっと古くさい印象を受けます。

めくるめく

オーロラが出現したと思ったら、次々にめくるめく光景が繰り広げられた。

意味

めまいがするほど素晴らしい。目がくらむほど感動的な。

例文

・異国での1年間の滞在は、めくるめくような体験の連続だった。
・めくるめく光のなかで、野生動物たちはのびのびと暮らしていた。

目がまわるほどに！

ＳＮＳで誰もが文章を書く時代になりました。でも、感動を覚えた風景や状況を表現するのに、何を見ても「キレイ！」「すごい！」では語彙不足というもの。仲間うちの会話ならまだしも、不特定多数に見せる文章ではいろいろと工夫してみませんか。

たとえば、この「めくるめく」。「目」に「くるめく」がついてできたことばだと考えられます。「くるめく」は、文字どおり「くるくるする」ことを意味する動詞ですから、「目がまわる」という意味になるわけです。といっても、悪い意味ではありません。むしろ、「めまいがするほど素晴らしい」「目がくらむほど美しい」というプラスの意味で使われます。

たとえば、「すっごく楽しかった！」は「めくるめくひとときでした」、「車窓からの眺めがとってもキレイ！」は「めくるめくような風景が次から次へと展開されています」とすると、落ち着いた大人の文章に様変わり。それでいて、単に「美しい、素晴らしい、感動的な」と言うよりも、感性に訴えかける表現なので、強い印象を与えることができます。

圧《あっ》巻《かん》

その映画のなかでも圧《あっ》巻《かん》なのは、主人公が帰還するシーンだろう。

意味

一連の作品や物事のなかで最も優れた部分。

例文

・先日のミーティングでは、熱のこもった部長のスピーチが圧巻だった。
・湖の向こうに富士山がそびえ立つ風景は、まさに圧巻というほかない。

あるところで最も優れている

「フィギュアスケートで圧巻の演技を見せた」「最後の10キロは圧巻の走りだった」のように、最近ではスポーツ中継でよく耳にするこの熟語。「素晴らしい」「他を圧倒している」という意味で受け取られていますが、本来はちょっと違った状況で使われていたのです。

昔の中国の科挙《かきょ》（官吏登用試験）では、最も優れた解答用紙（巻）を一番上に置いたことから、「すべての解答用紙（巻）を押さえつける（圧する）」という意味で「圧巻」と呼ぶようになりました。そのため、「ひとまとまりの物語や演技、行動のなかで一番優れている場面」を指すのが本来の用法です。映画や演劇なら、その一篇のなかで最も観客を感動させたクライマックスシーンを指しているわけです。

例文の「湖の向こうに〜圧巻というほかない」は微妙ですが、「風景」という1つのくくりを考えて、そのなかで一番素晴らしいものと考えれば、本来の意味に合致します。そう考えれば、「最後の10キロは圧巻の走りだった」も、「なみいるライバルたちと比べて、彼の最後の10キロの走りが一番目を見張るものだった」と考えれば、本来の意味に合っているわけですね。

二《ふた》つ返事《へんじ》で引《ひ》き受《う》ける

以前からやってみたい仕事だったので、
二《ふた》つ返事《へんじ》で引《ひ》き受《う》けた。

意味

ためらうことなく引き受ける。
即座に承知する。

例文

・気の進まない提案だったが、
担当者は二つ返事でオーケーしてくれた。
・空いた時間にできる作業なので、
二つ返事で依頼を受けた。

声に出す返事は1回がいい？

誤解されがちな表現の一つです。「二つ返事」とは、「はい、はい」と2つ重ねて返事をすることですが、その返事をどう受け取るかによって誤解が発生してしまうのです。

頼まれごとをして、「はいはい！」と気持ちよく返事したつもりが、『はい』は1つでいい！」と文句を言われたことはありませんか。しかし、暗い声で「はぁい……、はい……」と答えるのと、元気よく短く「はいはい！」と答えるのとではまったく違います。前者は気乗りがしない態度、後者は気持ちよく引き受ける態度が感じられます。

もともと、「二つ返事で引き受ける」ということばは、気持ちよく引き受ける様子を表すものでした。つまり、頼まれごとがあったときに、「はいはい」と元気よく素早く返事をすることから誕生したことばなのです。

しかし、最近では「はい」を1つにしたほうがいいと考える人が増えてきたのか、「一つ返事で引き受ける」と使う例も見られます。もしかすると、何年もしないうちに「一つ返事」のほうが正しいとされるかもしれませんね。

ご高名《こうめい》

お会いできて光栄です。かねてから
ご高名《こうめい》はうかがっております。

意味

広く知られている名前。
高く評価されている人を敬う表現。

例文

・初めてお目にかかりますが、
ご高名は以前より存じ上げております。
・あの人は高名な作家なので、
対応に気をつけてくださいね。

強く相手を敬う

「広く知られている名前」を意味することばとしては「有名」がありますが、「高名」は「高」という漢字を使っているだけあって、相手を敬う気持ちが強く込められています。

よく使われるのが、社会的地位の高い人と初めて会うときで、「お会いできて光栄です」と同じように使えます。ただし、ニュアンスに微妙な違いがあって、誰もが知っている企業人、政治家、文化人などは、「お会いできて光栄です」が無難でしょう。「ご高名はうかがっております」というと、「名前が知られているのは当たり前だろう」と受け取られてしまいます。

むしろ、「知る人ぞ知る」といった人物に対して使うと、「おお、私の名前を知っているとは、なんて嬉しいんだ」と感じてくれるに違いありません。

ただし、同年代の若い友人に紹介されて初めて会ったという場面では、堅苦しすぎます。そんなときは、せいぜい「お噂はかねがねうかがっています」程度がいいでしょう。その場合、悪い噂でないことを伝えるために、屈託のない笑顔を見せることが大切です。

余《よ》人《じん》（をもって代《か》えがたい）

彼は余《よ》人《じん》をもって代《か》えがたい人材なので、ぜひこの部署にとどまってほしい。

意味

ほかの人（では代わりになれないほど優れた様子）。

例文

・余人には推し量ることができない事情があるのだろう。
・その点については、余人を交えずに話し合いましょう。

この人以外

「余人」は、あまった人ではなくて、「ほかの人」「当事者以外」という意味。「余念がない」が「ほかのことを考えない（そのことに集中している）」というのと同じ用法です。ですから、「余人を交えずに」と言えば、「ほかの人を入れずに当事者だけで」という意味になります。日常的には使わないことばですが、堅苦しい書類や文章で目にすることがあります。

よく聞くのが、政治やビジネスの世界。どうしても留任させたい人材を指して、「余人をもって代えがたいため」という理由を挙げる事例です。もちろん、これは「ほかの人に代わってもらうことができない」という意味になり、ストレートに受け取れば、それほど能力が優れていたり、特別な技術を持った人だというわけです。もちろん、ほめことばとして使われています。

もっとも、現実には「この人を代えられるとまずい」という意図で使われることが、しばしばあるようです。事実、そう言われた人がいなくなったことで、馴れ合いで仕事ができなくなったり、不祥事が明るみに出たというケースがありました。下心を隠すために、わざわざ難しく言って煙《けむ》に巻こうとしたのかもしれませんね。

あにはからんや

簡単な試験のはずだったが、あにはからんや、今年は難問ばかりではないか。

意味

思ってもみなかったことに。意外なことに。

例文

・彼女と二人きりになれると思っていたら、あにはからんや、母親も一緒だった。
・あにはからんや、犯人だと思っていた男は、実は被害者だった。

想定外だった

「あに〜や」のセットは、漢文でおなじみの「反語」表現で、現代日本語では「〜だろうか、いや〜ない」と訳すのが一般的です。前半で疑問の形にして問いかけ、後半でそれを否定して結論を強調します。もちろん、現代でも私たちは知らず知らずのうちに反語を使っています。「誰がそんなことをするわけ？　誰もするわけないじゃん」というのも立派な反語表現です。

「あにはからんや」を文法的に分解すると、「あに」は漢文の「豈」の訓読みで反語を示す副詞、最後の「や」は疑問を表す助詞です。2つにはさまれた「はからん」は、動詞の「図る」＋推量の助動詞「む（ん）」。まとめると、「どうして図っただろうか」になります。「図る」は、ここでは「意図する」「思う」ということなので、ことばを補って現代風に全体を言い換えると、「なんで、そんなことが想像できただろうか、いや、全然想像できなかったよ」となるわけです。

文法的な説明が長くなりましたが、要するに「想定外だった」「思ってもみなかった」という気持ちを、古めかしくインテリくさく表現したことばなのです。現在では、「あにはからんや」だけが独立して1つの慣用句として使われています。

掛《か》け値《ね》なしに

彼女が演奏するショパンは、掛《か》け値《ね》なしに素晴らしい。

意味

実力や価値をありのままに評価して。大げさに表現しているのではなく。

例文

・この店のチャーハンは、掛け値なしにうまい。
・掛け値なしに言えば、彼の実力はトップとはいえないまでもそれに準じている。

本来の価値以上

「お世辞抜きでこの店は料理がウマい」「あいつはマジですごいよ」の「お世辞抜きで」「マジで」に当たることばです。

その由来は、江戸時代のあの有名な「越後屋」（三井越後屋呉服店）にありました。それまで、買った商品の支払いは盆と暮の2回、あるいは暮の1回のみという「掛売り」（ツケ払い）が基本でした。しかし、江戸に越後屋を開業した三井高利《みついたかとし》は、その場での現金払いとしたうえで、掛売りを前提とした割高の「掛け値」を廃して、定価販売にしたのです。結果的に、店にとってはツケの踏み倒しがなくなり、客にとっても価格交渉が不要で安く買えるようになったので、お互いにとってメリットがあったのです（三井広報委員会「越後屋誕生と高利の新商法」による）。

ここからもわかるように、「掛け値」というのは、実際よりも値段を高くつけることを指し、それが転じて「本来の価値以上に誇張すること」「過大評価をすること」を意味するようになりました。

一般には、「掛け値なしに（で）」と打ち消しの形で使い、「ウソいつわりなく、本当の実力や価値を正当に評価して」の意味で使われます。

蛮《ばん》勇《ゆう》を振るう

蛮《ばん》勇《ゆう》を振るうことで初めて、こんな状況でも成果が上げられる。

意味

後さき考えずに、勇気を発揮する。無計画に勇ましいことをする。

例文

・腕力に自信があるとはいえ、一人で敵地に乗り込むのは蛮勇としかいえない。

・閉鎖的な企業体質を改めるために、蛮勇を振るって改革する必要がある。

全力で勇気を持って

「蛮」は「野蛮」の熟語でもわかるように、「乱暴」「荒々しい」という意味があります。それが「勇」と組み合わさっていることから、道理や順序を考えず、向こう見ずに勇気を発揮することだという見当がつくでしょう。

とはいえ、悪い意味だけではありません。むしろ、いい意味で使われることが多いといえます。たとえば、外部から招かれて伝統的な企業のトップに就任した人が、古い企業体質を改革しようとしたら、そんじょそこらの方法では進められません。

本気で改革をしようとしたら、なれあい体質の打破や組織の再編などをスピーディに実行する必要があります。みんなの意見をじっくり聞いて検討するのではなく、まさに蛮勇を振るって取り組む必要があるでしょう。成功するか失敗するかは別として、そうした実行力を評価するときに使われます。

一方、自分のやり方を「計画性がない」と卑下したり、自虐的に表現したりするときにも用いられます。ですから、上司が「蛮勇を振るって決断したよ」と言ってきたときは、「たしかにそうですね」と安易に同意してはいけません。本当は頭のなかで綿密な計画があっても、あえてそう表現しているかもしれないからです。

遜《そん》色《しょく》がない

このインスタント食品は、店で食べるものとまったく遜《そん》色《しょく》がない。

意味　劣っている点がない。

例文
・個々の能力に遜色はないが、チーム全体にまとまりがないのが問題だ。

引けをとらない

「遜色」の「色」はカラーのことではなく、「敗色が濃い」「異色の顔合わせ」と同じように、様子を示す漢字です。へりくだる意味の「謙遜」の「遜」と合わせることで、劣っている様子を意味します。

通常は、「遜色がない」と打ち消しで用いられ、ほかの優れたものと比較して「劣っていない」という意味で使われます。比べる相手とほぼ同レベルかそれに近いという控えめな表現として、「引けをとらない」「思いのほかよい」と同様のほめことばとしても使えます。

一《いち》も二《に》もなく（引き受ける）

【類義語】四《し》の五《ご》の言《い》わずに

家族のためになるならと、その作業を一《いち》も二《に》もなく引き受けた。

意味

あれこれ異論をはさむことなく。文句を言わずに即座に。

例文

・新しい町会長の言うことなら、一も二もなく賛成するよ。

無条件で引き受ける

頼みごとをされたとき、気が進まないときは、たとえ最終的に引き受けると決めても何かしら不平や言い訳を口にしたいもの。ここの「一」や「二」も、そんなひと言、ふた言を指します。しかし、そんなことも言わないというのですから、不平不満はなく（少なくとも表面的には）無条件で引き受けるという意味になります。

「**四の五の言うんじゃない**」というときの「四」や「五」も同様で、「文句を言わずにやれ」という意味のことばです。

時《じ》宜《ぎ》を得《え》た

【類義語】時《じ》機《き》

時《じ》宜《ぎ》を得たアドバイスのおかげで、すべての問題が解決できた。

意味 ちょうどよい頃合いで。いいタイミングで。

例文
・困難に直面している関連会社には、**時宜**をとらえた支援を行うべきだ。

バッチリのタイミング

「バッチリのタイミング」を、大人の語彙に置き換えたのが「時宜を得た」と考えるとよいでしょう。「宜」は「宜（よろ）しくお願いします」という表記に使われるように、「ほどよい」「よろしい」という意味があります。ですから、頃合いがよいことを「時宜にかなった」「時宜を得た」というわけです。

似たような熟語に「**時機**」がありますが、こちらはチャンスかどうかを示す語で、「時機をうかがって発表する」「時機が到来した」といった使い方をします。

CHAPTER 6

謙遜・卑下のことば

僭《せん》越《えつ》ながら

【類義語】恐縮《きょうしゅく》

僭《せん》越《えつ》ながら、私の意見では修正前の文書のほうがいいと思います。

意味

身の程をわきまえず失礼ですが。恐縮に感じますが。

例文

・僭越でございますが、本日は部長に代わって私がご案内いたします。
・誠に僭越ではありますが、出席者を代表してご挨拶申し上げます。

メールや手紙でも謙虚さを出せる

「会議でどうしても指摘したいことがあるけれど、いきなり核心をつく発言をしてその場の雰囲気を乱してはいけないし……」。そんなときに使えるのがこの熟語。「権限や立場を越えた、出すぎた発言ですが」という恐縮の気持ちを表したいときに、「僭越ながら（僭越ですが）、少しだけ言わせてください」という言い方をします。「**恐縮**ですが」と言い換えることはできますが、「僭越ですが」のほうが「立場を越えて失礼」という意味が強く込められています。また、スピーチで決まり文句のように使うこともよくあります。「私のような者が、こうした場所で話すのは差し出がましいのですが」という謙虚な姿勢を示すものです。

「僭」は、「潜水艦」や「潜在的」の「潜」とはまったく異なる漢字で、「おごり高ぶる」「身分不相応なことをする」という意味があります。異字体の「僣」が使われることもあります。

スピーチでの決まり文句を除けば、周囲が自分よりも上の地位や立場の人のときに使うのが一般的です。ただ、堅苦しいことばなので、乱用するとよそよそしい印象を与えます。そんなときは、「恐縮」と言い換えるとよいでしょう。

末《まっ》席《せき》を汚《けが》す

【類義語】下《しも》座《ざ》

この度、当委員会の末《まっ》席《せき》を汚《けが》すことになりました山田と申します。

意味

最も低い立場の席に座る。恐縮に感じつつメンバーに加わる。

例文

・先日のセレモニーでは末席に控えておりました。
・恐れ多いことに、伝統ある会の末席に名を連ねることになりました。

誇らしい気持ちも加えて

初めて参加したグループの会合や、お偉方がずらり揃った会議では、たとえ席が自由だといわれても、奥のほうにある席に堂々と座れるほど肝の据わった人は少ないと思います。たいていは、入口に近い席や、来賓・主役から最も遠い席を選ぶことでしょう。そこが「末席」です。一般には、参加する人の中で地位が最も低い人、あるいは参加者をもてなす人が座る席を指します。その反対は「上席」です。

「末席を汚す」というのは、「序列が一番下の席でさえも、自分が座っては汚してしまう」という意味であり、「自分のような者が出席するのはおこがましい」というへりくだりの気持ちに加えて、「それだけ立派な集まりに出席できるのは光栄だ」という誇らしい気持ちを表しています。

実際の集まりに出席したときだけでなく、新しくメンバーに加わったときの挨拶で使うこともできます。

「末席」はある程度フォーマルな集まりで使いますが、似たような意味の「下座」は宴会や懇親会でもよく使われるのでなじみ深いでしょう。ただし、「下座を汚す」という使い方はしません。

不《ふ》肖《しょう》

不肖《ふしょう》ながら、身に余る役職を拝命し、精一杯精進いたします。

意味

未熟で愚かな様子。
手本にする人に及ばない様子。

例文

・不肖山田太郎、このプロジェクトに全力をあげて取り組みます。
・部長はできる人物だったが、あんな不肖の部下ばかりでは気の毒だ。

未熟で及ばないけど……

「不肖」のあとに自分の名前をつけて、決意を表明するときによく使われます。「この程度の人間ですが、自分なりに一生懸命頑張ります」という意味になります。名前の代わりに「不肖私〜」としてもよいでしょう。

「肖」には、「似る」「似せる」という意味があります。「肖像画」というのは、特定の人物の姿に似せて描いた絵ということです。その「肖」の上に否定を意味する「不」を付けることで、手本にしている人に全然似ていない、つまり「未熟で愚かな」という意味になるわけです。

また、「不肖の息子」「不肖の弟子」という言い方をよくします。それぞれ、親に似つかわしくない息子、師匠に及ばない弟子という意味になりますが、使う場面によっては注意が必要です。親が他人の前で自分の子を「不肖の息子」というのは、一見へりくだっているように聞こえますが、実は自分自身（親）が手本になるべき人間だと言っていることになってしまいます。逆に、息子が自分自身を「不肖の息子」と呼ぶと、これは他人の前で親を持ち上げることになり、これもあまり好ましくありません。師匠と弟子、上司と部下も同様です。

拝《はい》借《しゃく》します

貴重なお時間を拝《はい》借《しゃく》したことを、深くお詫び申し上げます。

意味 ありがたく借りる。

例文

・下記の資料を拝借したいのですが、よろしいでしょうか。

・今回の件で、お知恵を拝借いただければ幸いです。

借りるときは上品な言い方で

「拝」は「拝（おが）む」ことですから、相手を敬う気持ちが込められています。たとえば、「次回の打ち合わせまで、このサンプル品をお借りします」でもいいのですが、「サンプル品を拝借いたします」と言ったほうが上品に聞こえます。

借りるものは、形のないものでもよく、「時間を拝借」「お耳を拝借」「お知恵を拝借」という言い方もあります。「教えていただけますか」と言うと面倒がる上司でも、「ちょっとお知恵を拝借」と言うと、「おお、何でも聞いてくれ」と応じてくれるかもしれません。

もっとも、誰もが知っている熟語である一方、使い方には注意が必要です。「ちょっと借りたい」という軽いイメージがあり、ノーという答えは想定していません。ですから、お金や重要書類には「拝借」は使いません。「お金を拝借したい」と言われると、そのままお金を持ち逃げされそうな印象を受けてしまいます。

「拝」を使った熟語にはほかにも、ものを受け取ったときに使う「拝受しました」、読んだときの「拝読いたしました」、会いたいときに使う「拝顔したく存じます」など、数多くあります。

無粋《ぶすい》な

【類義語】野暮《やぼ》

無粋《ぶすい》な質問で恐縮ですが、この計画は本当に実現可能なのでしょうか。

意味

細やかな気持ちが理解できない。洗練されていない。

例文

・つまらない冗談に本気で怒るなんて、あいつは無粋なやつだ。
・いきなり体重を聞くとは、なんて無粋な人なんだろう。

気が利かない

文字どおり、「粋」（いき）ではないことが「無粋」で、「不粋」と書いてもほぼ意味は同じです。では「粋」とはなにかというと、時代劇で「粋な人だねぇ」というせりふを聞いたことがあるでしょう。訓読みで「いき」とも、音読みで「スイ」ともいい、態度や考え方が洗練されている様子を表します。

「無粋」はその反対ですから、洗練されていないこと、人の気持ちや世間の動きに疎いことを示します。要するに、気が利かない人を揶揄《やゆ》するときに使うことばで、他人に対しても自分に対しても使えます。

他人に対して使うと「あいつは無粋なやつだ」「無粋なことを言うんじゃない」と悪口や叱責になりますが、自分の言動に使うと「無粋な話で失礼します」のようにへりくだりになります。

たとえば、金銭がからむ契約の席上、いきなりお金の話を出しづらいときに、「無粋な話ですみませんが、費用はどのくらいかかるのでしょうか」と言ったり、失礼と思われる質問をする際に「無粋ですが」と前置きして使うと、相手の機嫌を損なうリスクを減らすことができます。

自《じ》戒《かい》を込《こ》めて

今回の失敗のいきさつを、自《じ》戒《かい》を込《こ》めて記録する。

意味

自分自身を戒めて。行動や言動をつつしんで。

例文

・今後は、場をわきまえて行動するように自戒する。
・大きな事故につながらないよう、関係者にいっそうの自戒を求めた。

二度と繰り返さない

「ああ、しまった。やっちゃったな。これからは気をつけなくては」――そんな気持ちにぴったりな熟語が「自戒」です。文字どおり「自分を戒《いまし》める」こと。「失敗をしないように注意する」という意味で使われます。たとえば、余計なひと言によって周囲のひんしゅくを買ったときは、それを繰り返さないように、「今後は～自戒する」と使います。

このことばのポイントは、教訓となる失敗がすでにあり、それを「繰り返さない」という気持ちを込めている点です。もとの失敗というのは、自分自身の言動にも使えますし、他人の言動に対しても使えます。さらには、一般的な失敗や事故を念頭において、「そうならないようにしよう」という気持ちで使います。

この熟語には、「自戒（の念）を込めて」という決まり文句があります。これはさんざん世間や他人に対して説教くさい文章を並べたあとに、「自戒を込めて記す」という結びに使われることがあります。「人の振り見てわが振り直す」「自分も気をつけます」というつもりで書いているのでしょうが、かなり上から目線を感じさせ、言い訳がましくも聞こえます。

私淑《ししゅく》する

私が私淑《ししゅく》しているサッカーのコーチが、明日テレビ番組で解説する。

意味

面識のない人を師として、書物や言動を通して間接的に学ぶこと。

例文

・長年徳川家康《とくがわいえやす》に私淑してきたが、あのように人を動かすのは難しいと悟った。
・昨年、御社の会長に経営理念をうかがう機会があり、それ以来私淑しております。

会ったことのない人から学ぶ

　師と仰ぐ人は、自分が直接教えを受けた人とは限りません。松下幸之助《まつしたこうのすけ》や渋沢《しぶさわ》栄一《えいいち》の著作を読んで、ビジネスに目覚めた人もいるでしょう。そんなとき、「私の先生は松下幸之助です」「渋沢栄一は私の師です」と言っても悪くはありませんが、場合によっては周囲から「あの人はなにを言ってるの?」と変人扱いされかねません。直接会ったことのない人から学んだ場合には、「私淑」を使うのが適当です。

「淑」という漢字には、広く「よい」という意味があります。それが「清らか、つつましい」という方向にいくと、「淑女」「貞淑」という熟語になります。一方、「よいと感じる」「よいと信じて従う」の意味になり、さらに「模範として学ぶ」という方向で使われたのが、「私淑」という熟語です。

　師と仰ぐ人がこの世にいない場合にも使えますし、生存してはいるものの会うことができない場合にも用いることができます。

　本を読んでいれば、時間、空間を超越してさまざまな人を師とすることができるわけですね。最近では動画サイトで学ぶこともできるようになりました。内外の著名人に私淑する機会が増えたといえるでしょう。

虚《きょ》心《しん》坦《たん》懐《かい》

いい解決法がないものか、利害関係者に虚《きょ》心《しん》坦《たん》懐《かい》に意見を聞くことにした。

意味

余計なことを考えずに平静に物事に臨むこと。先入観を持たずに取り組むこと。

例文

・親戚とはいろいろあったが、今後は虚心坦懐の気持ちで付き合いたい。
・今年の新人は、虚心坦懐で仕事に取り組んでいるようで心強い。

思い込みは捨てる

新しい物事に取り組むに当たって、排除したほうがいいのは先入観や思い込みです。人の上に立つ場合には、なおさらのこと。そこで、新しい地位や役職を得たとき、挨拶によく出てくるのが「虚心坦懐」ということばです。とくに、大臣や企業トップの就任演説でよく耳にします。

「虚心」は、心が虚（うつ）ろになると書くので、よくない意味に見えますが、そうではありません。心を空っぽにして、余計なことを考えない状態を意味しています。「坦懐」の「坦」は、手へんの「担」ではなく、土へんであることに注意。心安らかで穏やかな様子を示し、「坦懐」という熟語はもともと仲良くすることを意味していました。

「虚心坦懐に（で）～する」「虚心坦懐の気持ちで～」など、いろいろな使い方ができます。知識や経験のある人が新しいポストに就いて、「虚心坦懐で取り組みます」と言えば、謙虚な人だという印象がいやましになることでしょう。

自分のことばかりでなく、相手に対する助言として、「虚心坦懐で仕事に励めば、みんなも理解してくれるよ」などという言い方もできます。

所存《しょぞん》

明日の打ち合わせには、なにをおいても参加する所存《しょぞん》であります。

意味

心に思っていること。
～したいと考えていること。

例文

・社員一同、これまで同様、誠心誠意取り組んでいく所存です。
・今後は、メンバーの皆様への情報開示を徹底する所存でございます。

強い意志を示す

基本的に「～する所存です」「～の所存です」という形で使い、「～する考えです」「～のつもりです」という決意や意志を表します。

古い言い回しに、「～するところであります」というのを映画などで聞いたことがあるでしょう。「所存」というのは、まさに「存ずる所（ところ）であります」と言い換えることができます。

「存ずる」は「存じます」という言い方でよく使うように、「思う」「考える」の謙譲語です。ですから「所存」というのは、目上の人に対して、「私はこう考えます（思います）」という決意や意志を示す場面で用いられるのです。

よく使われるのは、新しい部署や地位についたとき、スピーチで抱負や自分の考えを述べる場面です。「頑張ります」「努力します」ではちょっと弱いと思ったら、強い気持ちを示すために使うとよいでしょう。また、何か不手際があったとき、「今後は再発させません」という強い意志を示す際にもよく使われます。

「存」の字にすでに「考える」「思う」という意味が含まれているので、「～と考える（思う）所存です」とすると重複になってしまうので注意してください。

手《て》前《まえ》味《み》噌《そ》

【類義語】自《じ》画《が》自《じ》賛《さん》

手《て》前《まえ》味《み》噌《そ》になりますが、うちの子は思いやりのある優しい子に育ちました。

意味

自分がつくったものを自分でほめること。自分自身をほめること。

例文

・手前味噌ですが、今回の本はこれまでにない出来だと自負しています。
・手前味噌で恐縮ですが、当社の新製品が実験成功に大きく貢献したと思います。

相手に不快な思いをさせないように

同じ日本人でも、離れた地域で生まれた者同士が同居や結婚をすると、まず問題になるのが味噌の種類。「赤味噌じゃなくちゃダメ」だの「味噌はやっぱり白味噌」だの「八丁味噌以外は飲まない」だのと、しばしばけんかの原因になります。

古くは、各家庭で味噌をつくっていたので、自分の家でなじんだ味噌こそが日本一だと思っていたことでしょう。そんな文化的な背景を持つ慣用句です。

「手前」というのは「目の前」の意味ではなく、「自分たち（のもの）」を示すことばです。商人が自分たちの店のことを「手前ども」というのを聞いたことがあると思います。そして、「自分のところの味噌が最高」という意味が転じて、自分がつくったものをほめるときに使われるようになりました。

似た意味の四字熟語に「**自画自賛**」があります。ただし、「自画自賛」はとにかく自慢に終始しますが、「手前味噌」には「自慢して申し訳ないのですが」「これから自慢を言うので失礼します」という恐縮や謙遜の気持ちが含まれています。

逆にいえば、「手前味噌ですが」と前置きをすることで、相手に不快な思いをさせないようにする配慮なのです。

めっそうもない

不良品とはめっそうもない。

出荷前に時間をかけて検品しました。

意味

とんでもない。思いがけない。絶対にない。

例文

・おほめいただき、めっそうもないです。今後ともよろしくお願いいたします。

・おわびなどめっそうもありません。私どもにも落ち度がありましたので。

できれば遠ざけたい

「めっそう」は漢字で書くと「滅相」。もとは仏教用語で、生命の移り変わりを示す4つの相（生・住・異・滅）のうちの、最後の「滅」の相を意味することばでした。「滅相」は文字どおり、生命の最後の段階である死を意味します。避けて通れないとわかっていても、できれば遠ざけたいもの。そこから、「滅相もない」が「とんでもない」「思いもよらない」の意味として使われるようになりました。

目上の人から思いがけなくほめられたときの返事として使うと、「いいえ、とんでもない。私はまだまだです」という謙遜の意味になります。また、いわれのない苦情を寄せられたときの返答として使うと、「とんでもない、絶対にそれはありません」という強い否定の意味になります。そのほかにも、たとえば相手が謝罪したときの返答として使えば、「謝罪の必要はありません」という意味になります。

「めっそうもない」で1つの形容詞なので、「めっそうもありません」「めっそうもございません」は誤用とされてきましたが、現在では使っても問題ないでしょう。文化庁の「敬語の指針」によれば、同様の例である「とんでもない」と「とんでもありません」を取り上げて、「問題がないと思われる」としています。

微《び》力《りょく》ですが

【類義語】ふつつかものですが

微《び》力《りょく》ではありますが、お力添えできればと考えております。

意味

力量が不足していますが。頼りないかもしれませんが。

例文

・微力ながら、貴社の発展にお役に立ちたいと思っています。
・極めて微力かとは思いますが、少しでも貢献ができれば幸いです。

控えめに「任せて！」

誰かを手助けしたり、手伝ったりするときに、「私にお任せください！」「きちんとやり遂げます」と言いたいところでも、ビジネスの場面ではあまり大口を叩かないのが日本の社会。謙遜の意味もありますが、失敗したときに「偉そうに言ったじゃないか」と追及されるのを避ける意味合いもあります。

そんなとき、「自分の力はたいしたことない」とへりくだって、「微力ながらお手伝いします」という言い方をするわけです。「微」の訓読みは「微（かす）か」。本当にわずかだというわけです。もっとも、本当に実力がある人は謙遜も上手なので、「微力ながら」と前置きする人こそ頼りにできるかもしれません。とはいえ、謙遜する人がみな実力者というわけでもありませんが。

同様に、自分の能力のなさを卑下する表現として、「**ふつつかもの（不束者）**」があり、結婚式やビジネスにおける初対面の挨拶で「ふつつかものですが、よろしくお願いいたします」といったことばを聞いたことがあるかと思います。

「ふつつかもの」とは、未熟者、気が利かない人間を意味することばで、自分自身や身内の人間をへりくだって紹介する場面で使われます。

惰《だ》眠《みん》をむさぼる

退屈な日々が続き、昼と夜との区別がつかなくなるほど惰《だ》眠《みん》をむさぼる。

意味

なまけて寝てばかりいる。毎日ぼんやりと無為に過ごしている。

例文

・会社を退職してからは、もっぱら惰眠をむさぼっています。

ひたすら怠惰に

実際にこのことばを使うのは、特定の日にのんびり寝ている場面よりも、来る日も来る日も怠惰に過ごしているケースが多いといえます。

「惰」は「怠惰」「惰性」で使われることからわかるように、「なまける、おこたる」という意味。「むさぼる」は漢字で書くと「貪る」で、もともとは「欲深く求める」「飽きることなく続ける」ことを意味しています。

「むさぼる」という動詞を使うことで、飽くことなくひたすら怠惰でいる様子が目に浮かぶようです。

CHAPTER

7

謝罪・恐縮・拒絶のことば

ご放《ほう》念《ねん》ください

先ほどは、誤ってメールを送信してしまいました。どうかご放《ほう》念《ねん》ください。

意味

気にかけないでください。忘れてください。

例文

・明日は2時から会議です。すでに欠席の返事をなさっている場合はご放念ください。
・先日はけっこうな品をありがとうございます。今後はお気づかいなく、ご放念ください。

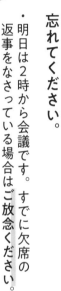

相手への気づかい

「宛先を間違えてメールを送った！」という失敗は誰にもあることでしょう。そんなとき、お詫びのメールに「先ほどのメールはお忘れください」「廃棄してください」でも悪くはありませんが、「ドジなやつだな」「失礼なやつだな」と思われるのが関の山。もう少しスマートな言い方として、「ご放念ください」という表現を覚えておきましょう。

「念」は「心の中で思っていること」。その「念」を「放つ」のですから、思いわずらっていることから解き放つ、つまり「気にかけないで」「気に留めないで」という意味になるわけです。メールの誤送信に限らず、スケジュールが急に変更になったとき、相手に気をつかわせたときなど、「先にお伝えした内容はご放念ください」という言い方もできます。ただし、あくまでも相手に対して言うことばであり、答えとして「じゃあ、放念しますね」とは言いません。

また、「今後は余計な気配りをなさらないで」という意味でも使えます。たとえば、「勝手ながら、今年限りで年賀状を失礼いたしたいと存じます。今後はご放念ください」という言い方も可能です。

失《しつ》念《ねん》しておりました

いただいたメールのお返事を失《しつ》念《ねん》しておりました。申し訳ありません。

意味　すっかり忘れていました。

例文

・お名前を失念してしまいまして、すみません。恐縮ですが、もう一度教えていただけますか。

・打ち合わせ延期の連絡を失念していました。改めてご連絡いたします。

知っていたけれど、忘れてしまった

「放念」と同じく、失敗をカバーするときに使える熟語です。たとえば、メールの返信を忘れていた、スケジュール変更の知らせが遅くなったという比較的軽い失敗ならば、この「失念」が重宝します。

「先方への連絡を失念しておりました」「集合時刻の記述を失念しておりました」などと使います。ストレートに「先方への連絡を忘れていました」と書くと、「困った人だ」と扱われそうですが、「失念しておりました。申し訳ない」と書けば、もしかすると「失念じゃ仕方ないか」と思ってもらえるかも。

大切なのは、あくまでも「知っていたけれど、つい忘れていた」ときに使うこと。「もともと知らない」ことには使いません。会議に招かれていなかったのに、「なぜ出なかったの？」と聞かれて「失念しておりました」と答えたら誤解されてしまいます。このときは、「会議の件は、うかがっていませんでした」が適当です。

また、自分が忘れたことに限って使われます。「その件については、お客様が失念なさったそうです」とは言いません。これは、「お忘れになっていたそうです」と言うのが一般的です。

汗《かん》顔《がん》の至《いた》りです

当方の初歩的なミスであり、まことに汗《かん》顔《がん》の至《いた》りです。

意味

顔から火が出るほど恥ずかしく感じること。

例文

・先日の宴会では、とんだ失態をお見せしてしまい、汗顔の至りです。
・おほめのことばをいただき、まったくもって汗顔の至りです。

お恥ずかしい限り

携帯電話やメールで使う絵文字で、額から汗を流している絵があります。まさに、このときの気持ちが「汗顔」です。ひどく恥ずかしいと感じたときに顔が真っ赤になって汗が出てくるのは、今の人も昔の人も変わりません。ここから、「顔から汗が出るほど恥ずかしい様子」という意味で「汗顔」が使われるようになりました。

通常は、「これ以上のことはない」という意味を示す「至り」をつけて、「汗顔の至り」という形で使います。「もう、本当にこれ以上お恥ずかしいことはありません」という意味であり、自分の失敗や間違いに対して謝罪をするとき、お詫びのことばとともによく使われます。

謝罪といっても、「大変に申し訳ない」と頭を深く下げるようなものではなく、それほど深刻でない失敗や単純なミスに使うのがよいでしょう。

また、恥ずかしい姿を見せたことを謝罪するときにも使えます。このときも、大失態ではなく、苦笑いで許されるようなレベルに限ります。「若いころの失敗を思い出すと汗顔の至りです」というのも似たような気持ちです。さらに、相手にほめられたときに、照れ隠しの気持ちで使うこともできます。

伏《ふ》してお詫《わ》びいたします

【類義語】平伏《へいふく》して、ひらに

このたびの不始末、大変申し訳ありません。伏《ふ》してお詫《わ》びいたします。

意味

両手をついて顔を床につけてお詫びする。心の底から謝罪や依頼をする。

例文

・取り返しのつかないミスを犯してしまい、伏して許しを請うた。

・大変お忙しい折かと存じますが、ご協力のほど、伏してお願いいたします。

ひたすらお詫びとお願い

人間だったら誰しも失敗はつきもの。ときには、100%こちらのミスに起因する弁明のしようがない失敗もあるものです。そうなったら、ただひたすらお詫びをするしかありません。そんな謝罪にうってつけなのがこのことば。ほかに、どうしても聞き入れてほしいお願いをするときにも使います。

実は、和語の「ふす」には2つの種類があります。「臥」の漢字を当てると、「床《とこ》に臥す」のように横になるという意味。一般には、仰向けか横向きに寝ることを指し、「病に臥す」もこちらの漢字を使います。

「伏」の漢字を当てた「伏す」は、うつ伏せや腹ばいになることを意味します。「危ない！　伏せろ！」の「伏す」ですね。お詫びの姿勢はもちろん「伏」のほうで、両手をついて顔を床《ゆか》につかんばかりにする様子を表しています。実際に伏すかどうかは別として、そうした気持ちでお詫びをしていることを示すわけです。「**平伏して**お詫び申し上げます」や「**ひら（平）に**ご容赦ください」も同様です。

土下座と格好は似ていますが、本来の土下座は土間や地面に伏すのですから、その一歩手前の謝罪と考えればよいでしょう。

不《ふ》徳《とく》の致《いた》すところです

今回のミスは弊社の不《ふ》徳《とく》の致《いた》すところであります。本当に申し訳ありません。

意味

品性や道徳性に欠けていてご迷惑をかけました。

例文

・部下の不祥事は、上司である私の不徳の致すところです。
・この失態は私どもの不徳の致すところであり、今後は信頼回復に努めてまいります。

謝罪の定番フレーズ

謝罪会見で耳にしたことがあるでしょう。「不徳」は、文字どおり「徳」がない状態。「致すところ」は、「それによってしてしまったこと」という意味ですから、「不徳の致すところ」全体で「道徳性や品性が足りなかったために引き起こしてしまったこと」という意味になります。

わかりやすくいうと、「自分に人間性や人望が欠けていたために、ご迷惑をかけてしまいました」ということです。「徳」がなかったのだと、人間性まで否定しているのですから、まさに弁解のしようがない失態をしたときに使います。とはいえ、現在では謝罪の決まり文句と化しており、これだけでは謝罪として通用しません。

「この度の不祥事の原因は、私どもの不徳の致すところでした。ご迷惑をかけて申し訳ありません」では、ただ口先だけで謝っていると思われてしまいます。真剣に謝罪をしようとするなら、どこが誤っていたのか、そしてどのように再発を防ぐのかを合わせて具体的に示す必要があります。

「不徳の致すところ」は、あくまでも謝罪のフレーズとして用い、その前後には謝罪の具体的な内容を加えることが不可欠です。

うかつ（迂闊）でした

【類義語】不《ふ》用《よう》意《い》、不《ふ》注《ちゅう》意《い》

友人との会食の予定を忘れて、他のアポを入れたのはうかつだった。

意味

注意が足りずに行き届かなかった。うっかりして失敗した。

例文

・うかつにも、日付を1年も間違えて書類を提出してしまった。
・誰が見ているかわからないので、ネット上ではうかつにものが言えない。

つい、うっかり

同じ失敗をするにしても、そこに下心が隠されているものから、憎みきれないささやかなミスまでいろいろあります。この「うかつ」は、どちらかというと不注意による単純なミスを表すことばです。

「迂闊」の「迂」には、「迂回」でもわかるように「遠回りする」意味があり、「闊」には「広い、遠い」などの意味があります。そんなところから、古代中国において「迂闊」は、「遠回りで役に立たない」「まわりくどい」という意味を表していました。

日本では、おそらく「うっかり」や「うかうかと」と語感が近いことから、その意味も含まれて、「集中力が足りない」「不注意で行き届かない」という意味になったのだと考えられます。

現在では、自分の軽率な行動を反省して、「うかつだった」と謝罪のフレーズに使います。多くの場合、「**不用意**でした」または「**不注意**でした」で言い換えることができます。

一方、軽はずみなことをしないように自分に言い聞かせるフレーズとして、「うかつに〜できない」という形で使います。

ぐうの音《ね》も出《で》ない

【類義語】返《かえ》すことばがない

みんながいる前で、ぐうの音《ね》も出《で》ないほどやり込められてしまった。

意味　**ひと言も反論や弁解ができない。**

例文

・たしかにおっしゃるとおりで、私の発言は誤っていました。**ぐうの音も出ません**。

・SNSの発言に対して痛いところをつかれてしまい、**ぐうの音も出ない**。

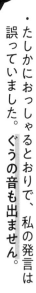

余裕は一つもない

「ぐうの音」の「ぐう」とは、息が詰まったときに出る音だといわれています。たしかに、何か反論したくてもことばが出てこないとき、喉の奥から息が詰まったような「うっ！」「ぐっ！」という、一種のうめき声が出てくることがありますよね。「ぐうの音が出ない」とは、そんな音さえも出すことができないほど、こてんぱんに論破されてしまったということです。

「**返すことばがない**」というのも似た状況ですが、これはまだ「ことば」が出るか出ないかというレベルで論じているので、「ぐうの音も出ない」よりは多少の余裕が残されている印象を受けます。

ことばが出る出ない以前に、喉から音すら出ないのですから、「ぐうの音も出ない」ほうが、こてんぱん度が高いように感じられます。

自分が誤っていたことに気づいたら、へたに言い訳をしたり屁理屈を並べたりするよりも、「失礼しました。ぐうの音も出ません」と降参したほうが得策かもしれません。「ぐうの音も出ない」というユーモラスな表現によって場の緊張が和らぎ、相手も追及の矛《ほこ》を収める可能性があります。

ご寛《かん》恕《じょ》ください

【類義語】ご海《かい》容《よう》ください

大雪のためにお届けが大変遅くなりました。ご寛《かん》恕《じょ》いただけたら幸いです。

意味　広い心で失敗をお許しください。

例文

・私どもの不手際に対してご寛恕を賜り、深く感謝いたします。

・大急ぎでとりまとめた資料ゆえ、誤字脱字がありましたら、ご寛恕ください。

許しを期待できるレベルのときに

「ご容赦ください」と同じように使える謝罪のことばです。しかも、古めかしく堅苦しい熟語ですから、お詫びの気持ちが強く伝わります。

「寛」という字は、「寛大」「寛容」という熟語からもわかるように、広くゆったりとした様子を表しています。「恕」は、訓読みで「恕（ゆる）す」と読みます。

ですから、「ご寛恕ください」と言うと、相手の広い心に期待して許してもらいたいという気持ちを示すことになるわけです。ビジネスシーンでは取引先、お客様に対して使うのが一般的で、かなりかしこまった表現です。ただし、許しを期待できるレベルの失態に使うべきであって、相手が怒り狂っているような大失敗の謝罪で使うと、「そんな簡単に許せるわけないだろう！」と火に油を注ぐ結果になりかねません。くれぐれもご注意を。

「恕」という漢字を、怒りを表す「怒」や、恨みを表す「怨」と混同する人がいますが、まったく意味が違うので間違えないようにしてください。

類義語に「**ご海容ください**」があります。「海のように広い心でお許しください」という気持ちを込めたことばで、「寛恕」と同じように使えます。

断《だん》腸《ちょう》の思《おも》いで

健康診断の結果が思わしくなく、断《だん》腸《ちょう》の思《おも》いで甘いものを絶つことにした。

意味　身を切るようにつらい気持ちで。

例文

・長い付き合いのある店だったが、断腸の思いで契約解除を決めた。
・断腸の思いでリストラを進めたものの、なかなか業績が上向かない。

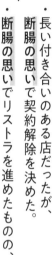

とてつもなくつらく悲しい

「断腸」とは、見れば見るほど痛そうな熟語です。「腸（はらわた）」を「断つ」のですから、並大抵の痛みや苦しみではないと想像できるでしょう。もちろん、物理的な痛みを指すのではなく、それに匹敵するほどの精神的なつらさや悲しみを感じている様子を示し、通常は「断腸の思い」という使い方をします。

このことばは、中国の『世説新語《せせつしんご》』という書物に由来しています。ある武将の従者が子猿をとらえて船に乗ったところ、母猿が叫びながら岸づたいに必死に追いかけてくるではありませんか。ようやくのことで母猿は船に飛び乗ったものの、心痛のためかほどなく死んでしまいました。そこで従者が母猿の腹を裂いてみたところ、はらわたが断ち切られていたとか。

この由来からもわかるように、まさに身を切るようにつらく感じられるときに、「断腸の思い」という使い方をするのです。ですから、ちょっとやそっとの悲しみやつらさで使うと、大げさになってしまいます。

たとえば、ほかに選択肢のない差し迫った場面において、「本意ではないけれども、やむを得ず決断した」という決意を訴えかけたいときに使われます。

寡《か》聞《ぶん》にして存《ぞん》じません

この分野に詳しい人物は、残念ながら寡《か》聞《ぶん》にして存《ぞん》じません。

意味

見聞や知識が足りなくて知りません。

例文

・N社が外資系の会社として創立したとは、寡聞にして存じませんでした。
・この町の出身でスポーツ界で活躍した人というのは、寡聞にして知りません。

無知の弁解

会話やメールのやりとりに自分の知らない話題が出たとき、「それは知りませんでした」「存じませんでした」でもいいのですが、それでは芸がありません。そんなときに格好をつけたければ、「寡聞にして存じませんでした」がおすすめです。

「寡」は、「報酬の多寡は問わない」という表現で用いられるように、「少ない」ということ。ですから、「寡聞」というと「ほとんど聞いたことがない」という意味になり、転じて「見聞や知識が足りない様子」を示します。

つまり、無知であることを弁解すると同時に、「あなたとは違って、自分は勉強不足ですみません」と、それとなく相手を持ち上げているわけです。

一方で、皮肉の表現として使われることもあります。たとえば、相手の話に誤りを見つけたとき、それをストレートに指摘するのではなく、「そんな話は初耳だ」という意味で「寡聞にして知りませんでした」と言うわけです。ちょっとイヤミな人ですが、そんな人っていますよね。逆にいえば、「本当に知らなかった」と言ったつもりでも、皮肉ととられる恐れもあるわけです。それならば、「不勉強で知りませんでした」や「その分野は不案内なもので」と言うほうが無難でしょう。

老婆心《ろうばしん》ながら

老婆心《ろうばしん》ながら言わせてもらうと、もっと明るい色を使ったらどうかなあ。

意味　余計なお世話かもしれませんが。

例文

・老婆心ながら、斬新な企画を練るにはもっと少人数で進めたほうがいいのでは。
・老婆心からひと言。このままでは近いうちに行き詰まってしまうよ。

ウザい年寄りと思われたくない

いつの時代でも、高齢の女性には世話好きが多いようです。子や孫の世代を思う気持ちから出たアドバイスは、ありがたいと思う反面、ときにはうっとうしく感じることもあります。男性が言うときは「老爺心」でもよさそうなものですが、そのときも「老婆心」。少なくともこれまでの時代では、老婆のほうが老爺よりも世話焼きだから、そんなことばができたのでしょう。

具体的な使い方としては、実際の忠告に入る前に「老婆心ながら」とひと言加えます。というのも、「ああ、若い子たちに重要なことを教えてあげたい。でも、ウザい年寄りだ！ なんて言われたら嫌だしなあ……」と思うことがあるでしょう。そんなときに、「余計なお世話かもしれませんが」という意味で「老婆心ながら」と先手を打ってへりくだっておけば、相手は素直に耳を傾けてくれるかもしれません。

実際には、それほど高齢でもない壮年の男性が使う機会が多いようです。あくまでも目下の人へ忠告するときに使うので、上司や取引先に使ってはいけません。目上の人に対して助言をするときの前置きには、「僭越《せんえつ》ながら」（→180ページ）や「恐縮ではありますが」を使うとよいでしょう。

折《おり》悪《あ》しく

【類義語】あいにく

折《おり》悪《あ》しく出張の予定が入っているので、残念ながら出席できません。

意味

時機がよくない。
タイミングが悪い。

例文

・さあ出かけようというところで、折悪しく雨が降ってきた。
・いい具合に麺がゆで上がったと思ったら、折悪しく玄関のベルが鳴った。

角が立たない断り文句

パーティやイベントへの招待を断るのは難しいものです。「行きたくないから行きません」「もっと楽しい集まりがあるので欠席します」と答えるわけにもいかず、どんな理由をつけて断ればよいやら、悩んだ経験のある人は多いことでしょう。

そんなとき、なんとか角が立たずに断れる便利なことばが、この「折悪しく」です。「折」は時期を意味し、「折を見てうかがいます」「折に触れてその件を話題にしている」などの用法はよく耳にすることと思います。「折悪しく」は「折」が悪いわけですから、「タイミングが悪い」の意味になります。

ですから、断り文句として使うと、「よりによってその日はダメなんですよね」という心情を含ませることができるのです。ただし、かなり堅苦しい言い方のため、会話ではなく主に文章で使います。

同じ意味で、どんな相手にも使えるのが「**あいにく（生憎）**」です。ただし、「折悪しく」には「その時だけはだめ」というニュアンスが含まれている点が違います。ですから、「あいにく、アレルギーがあってそばは食べられないんだ」とは言えますが、これを「折悪しく」で言い換えると不自然になってしまいます。

心《こころ》ならずも

【類義語】不本意《ふほんい》ながら

先日の会には、諸般の事情で心《こころ》ならずも参加できず、失礼いたしました。

意味

やむを得ず。自分の意思に反して。

例文

・昨日は心ならずもご迷惑をおかけしてしまい、大変申し訳ありません。
・どうしてもと言われ、心ならずも知人の会社の役員に就任することになった。

かぐや姫も使ったことば

「本心じゃないんだよ。やむを得ないんだ」「仕方がなかったんです。わかっていただきたい」という気持ちを伝えたいときに使います。

「心ならず」が使われている用例は『竹取物語』や『源氏物語』にさかのぼり、意味もそのまま現在まで変わらない由緒正しいことばです。とくに『竹取物語』では、かぐや姫が月から来たことを翁に打ち明ける重要な場面で、「されどおのが心ならず、まかりなむとする」（しかし自分の本心からでなく、仕方なく帰ろうとしています）と使われています。そんな歴史に思いを馳せると、辞退やお詫びのことばとして用いるだけなのに、どこか雅《みや》びな気分がしてきます。

似たことばに「**不本意ながら**」があります。これは文字どおり「本意ではない」という意味で、同じく辞退やお詫びに使えますが、それに加えて「不本意ですが、おっしゃるとおりにします」とすると、相手の言動に強い不満を述べるときにも使える点が大きく違います。「やむなく」「やむを得ず」「仕方なく」も類義語といえますが、失態に対するお詫びには使えません。「心ならず」のほうが「本当はそうしたくなかった」という気持ちが強く感じられます。

不《ぶ》調《ちょう》法《ほう》で申《もう》し訳《わけ》ない

【類義語】不《ふ》案《あん》内《ない》、不《ふ》得《え》手《て》

せっかくのお誘いですが、お酒には不《ぶ》調《ちょう》法《ほう》でして申し訳ありません。

意味

苦手なので遠慮しておきます。ひどい失敗をしてすみません。

例文

・お歴々が勢ぞろいした席で、とんだ不調法をしでかしてしまいました。
・格闘技の分野については、まったくの不調法者で恐縮の限りです。

婉曲に断る

人の誘いを断るのは、簡単そうで難しいもの。ましてや目上の人や取引先からの酒宴やゴルフの誘いとなると、一筋縄ではいきません。なるべく相手の機嫌を損ねずに断る方法の一つが、この「不調法」を用いた断り文句です。

たとえ、もとから嫌いであったり、行きたくなかったりしても、それをバカ正直にいうのでは身も蓋《ふた》もありません。そこで、「〜には不調法なもので遠慮いたします」とへりくだりつつ婉曲に断るわけです。相手もきちんとした大人なら、そこまで言われては無理強いしてくることはないでしょう。もちろん、お茶の会やテニスの誘いにも応用できます。

知識や経験が不足していることを強調したければ、「株の取引は不案内なもので」「クラシック音楽には不案内でして」と、「**不案内**」を使って断るのがいいでしょう。さらに、知ってはいるけれど本当に下手だと伝えたければ、「**不得手**」を使って「細かい作業は不得手でして」「麻雀は不得手なんです」と言うこともできます。

また「不調法」には、ほかにも「不調法をしでかしました」と失敗を謝罪する用法や、「不調法で失礼しました」と手際の悪さを謙遜する用法もあります。

割《かつ》愛《あい》いたします

時間が限られていますので、大変残念ですが説明を一部割《かつ》愛《あい》いたします。

意味

やむを得ず省略します。
惜しい人材ですが手放します。

例文

・たくさんの祝電をいただきましたが、時間の都合で割愛いたします。
・総務部からの要望に応じて、当事業部からAさんを割愛することにした。

やむを得ずという気持ち

ことばとともに変化していきますが、この熟語もその一つ。もともとの意味は「愛着のあるものを、思い切って断ち切ること」。それが転じて「仕方なく手放したり省略したりすること」の意味になり、さらに近年では「愛」の意味が薄れ、単に「不要なものを切り捨てる」という使い方をする人が増えています。

たしかに、多くの場合、「省略」と置き換えても意味は通じます。しかし、それでは「やむを得ずカットする」という気持ちが伝わりません。とくに披露宴での祝電紹介のような場面では、「多いので読むのは省略します」では失礼な印象を受けてしまいます。やはり「割愛」と言ってほしいものです。

ビジネスシーンでは、プレゼンの席で時間が不足してスライドを省く場合、「時間がないので省略します」ではなくて「時間がないので割愛します」と言うほうが丁寧に聞こえます。

変わった用法として、大学や役所などに勤務する職員が、他の部署や組織からの要請で人材を手放すことを「割愛する」と表現するケースがあります。歴史ある古い企業でも、使われることがあるようです。

率爾《そつじ》ながら

率爾《そつじ》ながら、お尋ねしたいことがあります。

意味

前置きがなく突然ですが。だしぬけで恐縮ですが。

例文

・まことに率爾ながら、お知恵を拝借できますでしょうか。

・はなはだ率爾ではありますが、ひと言ご挨拶を申し上げます。

改まってのお尋ね

前置きがなくて、いきなりものを尋ねるときに、「つかぬことをうかがいますが～」という言い方をしますが、それを堅苦しくしたのが「率爾ながら」です。

古めかしい表現ですので、日常生活ではあまり使いませんが、目上の人やそれほど親しくない人に対して頼みごとをするときに、例文のようにメールの文面で使うことがあります。相手が年配の人ならば、「そんなことばを知っているなんて、できる人だ」と思われて、協力してやろうという気になってもらえるかもしれません。とくに、「率爾ながら仲人をお願いできますか」と、改まった頼みごとをするときに使うと効果大です。

また、スピーチで「はなはだ率爾ではありますが」と前置きすることで、「自分ごとき者が、いきなり出てきてすみません」というへりくだった気持ちを表すことができます。

「率」には「いきなり」「軽々しい」という意味があります。「爾」は、ここでは「茫然」や「整然」の「然」と同じように、上の字を受けてその状態を表す漢字です。合わせると「率な状態」ですから、「だしぬけな様子」という意味になるわけです。

些少《さしょう》

ご尽力ありがとうございます。些少《さしょう》ですがこれをお納めください。

意味　ほんのわずかな金額や分量。

例文
・謝金は些少で恐縮ですが、1万円でお願いできたら幸いです。

おくゆかしく

贈答品を渡すとき、「つまらないものですが」「粗品ですが」とへりくだるのが、日本のおくゆかしい伝統。感謝の気持ちでお金を渡すときも同じで、「些少ですみませんが」と言うのが美徳とされ、「たっぷり包みましたよ」とは言いません。

もっとも、契約書を交わしたビジネス上のやりとりでは、この表現は使いません。謙遜したら不審に思われてしまいます。契約に基づかない個人的なやりとりや、簡単な作業に対する謝礼を渡すときに使うならいいでしょう。

CHAPTER

8

困惑・反省のことば

忸《じく》怩《じ》たる思《おも》い

多くの方にご迷惑をかけてしまい、
忸《じく》怩《じ》たる思《おも》いにかられています。

意味 深く恥じ入る気持ち。

例文

・期間内に作業を終わらせることができず、忸怩たる思いです。

・この度の部下の不祥事については、忸怩たる思いでいっぱいです。

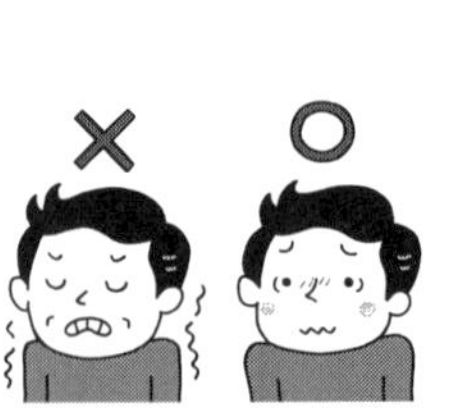

悔しいというより恥ずかしい

見慣れない熟語であっても、発音を聞いただけでなんとなく意味がわかるということばがありますが、これもその一つ。たまたまですが、「じくじ」という発音からして、なんだかじくじく、いじいじした様子が伝わってきます。

「忸」と「怩」の漢字には、どちらも「恥じる」という意味があり、それが組み合わさった「忸怩」は、深く恥じ入ることを示します。たとえば、予想していた業績を大きく下回ったときに、株主に向かって「深く恥じ入ります」という意味で反省の気持ちを表明するために使われます。

実は、このことばは誤用が多いので要注意です。よく政治家が会見で「落選したのは忸怩たる思いです」「わが党の議員が逮捕されたのは忸怩たる思いです」と発言しているので、「悔しい」「残念だ」「腹立たしい」感情を示すものだと思われがちですが、そうではありません。あくまでも、自分自身や自分たちの行為を恥じているときに使うことばです。ただし、誤った用法が広まっているため、正しい意味で使っても「反省が足りない」と受け取られる恐れがあります。誤解を避けるために、わかりやすく「深く恥じ入っております」としたほうがいいでしょう。

悔《かい》恨《こん》の情《じょう》に駆《か》られる　【類義語】悔《かい》悟《ご》

重要な場面で犯した判断ミスを思い出す度、悔《かい》恨《こん》の情《じょう》に駆《か》られる。

意味

過去の自分の過ちを悔やむ。

例文

・つまらない冗談で知人の心を傷つけてしまい、悔恨の念にさいなまれる。
・もうひと押しが足りずに契約を逃がしてしまい、悔恨の涙に暮れる。

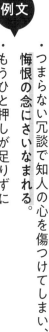

強く悔やむ気持ち

「あのとき、あんなことを言わなければ……」「黙って提案を受けていれば……」と、振り返ってみると人生は後悔の連続です。「後悔」も「悔恨」も意味はほぼ同じですが、「悔恨」のほうが悔やむ気持ちが強く感じられます。

2つの漢字の訓読みは、それぞれ「悔（く）やむ」と「恨（うら）む」。「恨」というと、現代では他人に対して不快感や不満を持つことを指しますが、もともとは「思いどおりにいかず、不本意な気持ち」を意味する漢字でした。

通常は「悔恨の情」「悔恨の念」という使い方をすることが多く、「悔恨の情を抱く」「悔恨の情が湧き上がる」「悔恨の念に堪えない」「悔恨の念がこみ上げる」などの表現ができます。

「悔恨」と似たような熟語に、「**悔悟**」があります。これは「悟《さと》る」という字が含まれていることからわかるように、「自分のしたことが悪かったと悟り、改めようとする気持ち」を指す熟語です。やはり、「悔悟の情が湧く」「悔悟の念にさいなまれる」「悔悟の涙を流す」などと使われます。一方、「悔恨」には、「自分が悪かった」という気持ちが含まれるとは限りません。

齟《そ》齬《ご》が生《しょう》じる

私たちの認識に齟《そ》齬《ご》が生《しょう》じているので、最初から話をやり直しましょう。

意味

意見や考えがうまく合っていない。食い違う。

例文

・トラブルが続いており、当初の計画と**齟齬**をきたしています。
・資料と私の説明とに**齟齬**があったようで、申し訳ありません。

噛み合っていない

仕事にしても人生にしても、当初の見込みどおりに進むことばかりではありません。最初は順調に進んでも、やがて説明不足や伝達ミスが表面化して、食い違いが発生することはよくあります。そんな様子を示す熟語がこの「齟齬」です。ほぼ「食い違い」に置き換えることができ、「齟齬が生じる」「齟齬をきたす」などという使い方をします。

2つの漢字のへんに「歯」の旧字体が使われていることからもわかるように、これは上下の歯の噛み合わせがうまくいっていないことを示しています。とくに、「齟」は「咀嚼《そしゃく》」の「咀」と同じような意味です。

相手にもよりますが、当初の認識と違うと感じたときに、「話が違うじゃないか」といってけんか腰になるよりも、「齟齬があるようですね」と遠回しに異議を申し立てたほうが、建設的な話し合いに進むかもしれません。

また、自分（たち）の落ち度に対して「齟齬」を使うこともあります。ただし、完全に自分のミスであることが明らかなのに「認識の齟齬があって、企画書はまだ完成していません」といった言い訳に使うと、責任逃れに聞こえてしまいます。

予《よ》断《だん》を許《ゆる》さない

患者の体力が落ちているので、病状は予《よ》断《だん》を許《ゆる》さない。

意味

前もって判断できない。どういう結果になるか保証できない。

例文

・いつ状況が変わるともわからないので、予断を持たずに判断すべきだ。
・正式な契約の前に、先方に予断を与えるような発言は控えるように。

先入観を持たない

病人やけが人が生命の危機にあるときや政治情勢が流動的なときに、ニュースやドラマで耳にするのがこのフレーズです。このことばを聞くと、人ごとであっても緊張感が高まり、なんだかドキドキしてきます。

「予」には「予（あらかじ）め」という訓読みがあります。それと「判断」の「断」が組み合わさることで、「前もって判断する」という意味になります。

それだけならいい意味のようにも聞こえますが、「予断を許さない」「予断を持たない」という否定的な言い方をして、マイナスの意味で使われることが多いのが特徴です。「今後の展開は不明だから、現状ではなんとも判断ができない」という意味になるわけです。

「予断」は「先入観」に置き換えてもよいでしょう。「先入観」もまた、マイナスの意味で使われることが多いことばです。

なかには、「油断を許さない」「余談を許さない」だと思い込んでいる人もいますが、そうではありません。たしかに、油断はできませんし、余談をしている余裕もない状況でしょうが……。

安《あん》閑《かん》としてはいられない　【類義語】安《あん》穏《のん》

近い将来、AIが人間の仕事を奪うと考えると、安《あん》閑《かん》としてはいられない。

意味

将来を楽観視できない。油断していられない。

例文

・欧州の戦争を遠くのできごとだとして、安閑としている場合ではない。
・なんとか大学を卒業したはいいけれど、安閑とした生活も今日までだ。

ゆっくりというよりのんびり

気候変動、天変地異、大事故、戦争……と、次々に災厄が降りかかってくるように感じられる今日このごろ。枕を高くしてのんびり寝ていられなくなりました。「20年後、50年後に、この世界はどうなっているのか」と考え出すと夜もゆっくり寝られません。そんな落ち着かない様子を表しているのが、このフレーズです。

「閑」には「しずか、のんびりした」という意味があり、「安閑」という熟語は「のんびりした」という意味になります。実際には、「安閑としてはいられない」と打ち消しの形でよく使われます。

第27代の天皇は安閑天皇といい、歴史学界で何かと議論の的となっている継体天皇の息子に当たります。当時は政治体制が安定しておらず、内乱によって殺害されたという説もあるようです。もしかすると、安閑でなかった生涯を悼んで、そんな諡（おくりな）が付けられたのかもしれません。

「安閑」の類義語に「**安穏**」があり、どちらものんびりしている様子を表します。ただし、「安閑」には「身近に不安や危機が迫っているのにぼんやりしている」というニュアンスが含まれます。

剣《けん》呑《のん》な雰《ふん》囲《い》気《き》

会議では2つの意見が対立していて、剣《けん》呑《のん》な雰《ふん》囲《い》気《き》に包まれている。

意味

なんとなく危険な雰囲気。不安を覚える様子。

例文

- 海外の町を歩いていたら、地元の人にじろじろ見られて剣呑な思いをした。
- やあ、剣呑、剣呑。前の車が急にスピードを落としてあせったね。

なんとなく不安で危険

「剣を呑《の》む」といっても、奇術の一種ではありません。文字面からして、どこか不穏な様子を感じ取ることができるでしょう。もっとも、「呑」の音読みは「ドン」なので、本当なら「ケンドン」と読みそうなものですが、なぜ重箱読み（音・訓読み）の熟語になったのでしょうか。

どうやら本来は「険難」または「剣難」だったようです。古代中国から使われている熟語で険しい道を意味する「険難（けんなん）」、あるいは刃物で殺される意味の「剣難」が変化したといわれています。

ただし、現在「剣呑」が使われるのは、生命の危機が迫っている重大な状況というより、はっきりとはしていないけれども、「なんとなく不安を覚える」「危険な雰囲気が漂っているぞ」というレベルの状態です。

おもしろい用法として、「剣呑、剣呑」と2回重ねて言うことがあり、古い小説を読んでいるとお目にかかることがあります。これは、「危ない、危ない」「くわばら、くわばら」と同じように、危険な場面に遭遇したときに発することばで、恐怖感を取り除くおまじないのように使われるものです。

慙《ざん》愧《き》／慚《ざん》愧《き》に堪《た》えない

今回の失敗の原因はひとえに当方にあり、まことに慙《ざん》愧《き》に堪《た》えない。

意味

ひどく恥じて反省する。深く恥じており申し訳ない。

例文

・この度の弊社の社員による不祥事については、慙愧の念に堪えません。
・この事故は私の不注意が引き起こしたものであり、慙愧の至りです。

恥ずかしくて仕方がない

取り返しのつかない重大な失態を犯したときに使う、最大級の謝罪の表現といってよいでしょう。「ざんき」という強い発音や、「斬」や「鬼」が入った字面からも、強い謝罪と反省のことばだという印象を受けます。

実際に耳にするのは、報道番組での謝罪会見でしょう。古くは「ざんぎ」と読んでいましたが、今では「ざんき」が一般的です。「慙」と「慚」はもともと同じ漢字ですので、「慙愧」とも「慚愧」とも書きます。

「慙／慚」も「愧」も、「恥じる」という意味を持ち、これが組み合わさることにより、「自分の過ちを反省して、心から深く恥じる気持ち」という意味になります。「忸怩《じくじ》」（→240ページ）よりも、さらに深く恥じ入っている印象です。古代中国の書物である『漢書』に登場するほか、仏教用語としても使われてきました。

よく政治家や有名人が、「非常に残念」という意味で、「○○さんが若くして亡くなったのは、慙愧の念に堪えません」などと使うことがありますが、これは間違い。本来の意味で解釈すると、「その人が亡くなった原因が自分にあり、私は深く恥じ入っている」という意味にとられかねないので注意が必要です。

他山《たざん》の石《いし》とする

【類義語】反面教師《はんめんきょうし》にする【反対語】対岸《たいがん》の火事《かじ》

海外で起きた列車事故を他山《たざん》の石《いし》として、いっそうの安全管理を図る。

意味

他人の失敗を参考にして、自分は繰り返さないようにする。

例文

・オレオレ詐欺に引っかかった○○さんを、他山の石としなくてはいけない。

・社内の部署再編に当たって、ライバル社の失敗を他山の石とする。

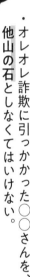

人の振り見てわが振り直せ

誤った使い方をされることの多い慣用句です。そもそも、「他山の石」つまり「ほかの山の石」ってどんな石を指しているのでしょうか。

このことばは、古代中国の『詩経』の一節である「他山の石、以《もっ》て玉《たま》を攻《おさ》むべし」(よその山にある粗悪な石も、自分の宝石を磨くために使える)に由来しています。そこから、「他人のつまらない言行も、自分を高める助けになる」という意味で使われるようになりました。要するに「他人の行いを**反面教師**にせよ」または、ことわざの「人の振り見てわが振り直せ」のような意味なのです。

ところが、最近では「先生のやり方を他山の石として精進してまいります」という言い方を耳にしますが、これはかなりマズい誤用です。よい手本にしたいという意図なのでしょうが、これでは先生を怒らせてしまいます。「先生のような残念な人生を送らないように頑張ります」という意味になるからです。

「海外で起きたこの凶悪事件を、他山の石にしてはいけない」という文章も見かけました。「**対岸の火事**」と混同したのでしょう。「対岸の火事」は、よそで起きた悪いできごとに対して、自分とは関わりがないとして捨て置くことを意味します。

抜《ぬ》き差《さ》しならない

【類義語】のっぴきならない

楽勝だと思って油断していたら、抜《ぬ》き差《さ》しならない状態に陥ってしまった。

意味

どうにも逃げようがない。
追い詰められて動きようがない。

例文

・抜き差しならない家庭の事情が生じたため、今日は早めに帰ります。
・どうやらあの二人は抜き差しならない関係のようだ。

詰んだ……

「抜き差しならない」をわかりやすく言い換えると、「抜くことも差すこともできない」という意味です。では、いったい何を抜いたり差したりできないのかというと、それはずばり「刀」のことです。

同じ技量の武士が向かい合って決闘をすると、素早く刀を抜いたほうが相手を斬りその刀を鞘《さや》に差し（収め）ます。ところが、相手の技量が明らかに上であったり、相手が大勢だったりすると、安易に刀を抜くことができません。抜いた瞬間に相手に斬りかかられるかもしれないからです。結局、間合いをはかりつつ、ひたすら緊張の時間が経過していくわけです。

そんな状況をたとえたのがこのことば。将棋でいえば「詰んだ」状態。人間関係にたとえれば、進退窮《きわ》まってどうにも動けない状態をいうのです。男女が深い関係になったことを、それとなく指すときにも使います。

同様の表現に「**のっぴきならない**」があります。これは「退（の）き引きならない」、つまり退却することも逃れることもできないという意味であり、「抜くことも差すこともできない」とほぼ同じ状況を指しています。

喫《きっ》緊《きん》の課《か》題《だい》

少子高齢化問題は、
私たちの業界にとって喫《きっ》緊《きん》の課《か》題《だい》だ。

意味

差し迫っていて重要な問題。

例文

・当社にとっての喫緊の課題を、今すぐ洗い出す必要がある。
・発売を目前に控え、安全性について喫緊の対応を迫られている。

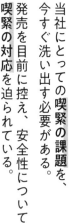

目の前に迫っている

政治家や組織のトップがよく口にすることばで、ニュースや記者会見の中継で聞いたことがあるでしょう。「キッキン」という強い語感ともあいまって、耳にするだけで緊張感があふれてきます。「このままでいたら大変なことになる」「解決が必要な差し迫った重要な課題だ」ということがらや様子を示し、「喫緊の課題」のほかに「喫緊の対応が必要だ」などと使われます。

古代中国の書物『中庸《ちゅうよう》』にも、哲学的な問答のなかで登場しています。「喫」は「喫茶」「喫煙」という熟語があるように、「喫（の）む」「喫（す）う」「喫（く）う」という訓読みが当てられ、口から何かを体内に入れることを表します。もちろん、飲食は人間にとって重要なことです。一方、「緊」には「きつくしばる」「差し迫る」という意味があるので、この2つの漢字が組み合わさることで、「差し迫っていて重要な様子」の意味になるわけです。

同じ読みで「吃緊」と書くこともあります。「吃」にも食べるという意味があり、現代中国語で「おいしい」は「好吃（ハオチー）」というのはご存じの方も多いでしょう。麻雀用語の「チー」も、「食う」を意味する「吃」のことです。

取《と》りつく島《しま》もない

【類義語】けんもほろろ

先方は怒りが収まらないようで、今のところ取《と》りつく島《しま》もありません。

意味

こちらの頼みや相談にまったく取り合ってくれない。

例文

・別れた恋人にもう一度やり直したいと提案したが、取りつく島もなかった。
・いくら妥協案を提示しても、なしのつぶてで、まったく取りつく島がない。

ただ取り残されて呆然

「溺れる者は藁《わら》にもすがる」といいますが、「取りつく島もない」もまた海での遭難にたとえた慣用句です。船が沈没して海に投げ出された状況は想像したくもありませんが、島にたどりつくことができれば命が助かる可能性は高まります。

しかし、この慣用句は、そんな島がないといっているのですから、八方ふさがりの絶望的な状況といってよいでしょう。そんな状況にたとえて、「まったく相手にしてくれない」「門前払いをくらう」という意味で使われています。

通常ならば、相手がこちらの申し出を拒絶するにしても、「値段がもう少し安ければね」「失敗したときの責任をとってくれるなら考えないこともない」などの条件をつけることが多いものです。ところが、そんな条件もなく、話をまとめるきっかけがつかめないほど相手の態度が冷たい様子を示しているのが、「取りつく島もない」なのです。まるで大海のただなかにぽつんと取り残されているようで、呆然とするしかありません。

同じような対応を示すことばに「**けんもほろろ**」があり、たとえば「融資の相談に行ったらけんもほろろに断られた」のように使われます。

慇《いん》懃《ぎん》無《ぶ》礼《れい》な

彼のメールは敬語が過剰で、むしろ慇《いん》懃《ぎん》無《ぶ》礼《れい》な印象を受ける。

意味

丁寧すぎて嫌味に見える。表面的には丁寧に見せつつ実は尊大な。

例文

・一緒にランチに行こうと誘ったら、慇懃無礼な態度で断られた。

バカにしてる?

「慇懃」という熟語は、丁寧で礼儀正しい様子を示し、「慇懃な態度」「慇懃な人」という言い方には悪い意味はありません。ところが、それとは相反する意味の「無礼」があとに続きます。

たとえば、ことば遣いも態度もよいのに、なぜか親しみを感じない人がいます。あまりに言動が丁寧すぎて、近づくのを拒否しているように見えるからでしょう。過剰に丁寧な態度をとることで、かえって誠意のなさや嫌味を感じてしまう様子が「慇懃無礼」です。

CHAPTER 9

怒り・罵倒・叱責のことば

承服《しょうふく》しかねる

事情はおありでしょうが、突然の方針変更は承服《しょうふく》しかねます。

意味　相手の提案や申し出が納得できない。

例文
・ご提案の方針について、当社は承服いたしかねるという結論に達しました。
・謝罪の気持ちは伝わりましたが、その金額では承服しがたいとのことです。

遠慮気味に拒否

「服」は、ここでは着る服ではなく、「服従」「心服」で使われているように「完全に受け入れる」「心から従う」という意味。「承知」「承諾」の「承」と組み合わせて、「承服」は「納得して従う」という意味の熟語です。

ただし、通常は「承服できない」「承服しがたい」というように、打ち消しの形で使います。拒否の回答をストレートに言うと角が立ちそうなときは、この熟語を使ってやや遠慮がちに伝えるわけです。

もっとも、相手の提案や意向を否定することに変わりはなく、ビジネスシーンで「承服できません」と言うのは、かなり強い印象を与えてしまいます。よほど自分のほうが正しいという確信のある場合に使うか、けんか別れも仕方がないという覚悟が必要です。そうでなければ、「残念ながらお受けできません」「ご遠慮したい」「お断りせざるを得ないようです」くらいの言い方が無難でしょう。

打ち消しを伴わずに、「その納期と金額で承服しました」という言い方も可能ですが、いかにも渋々受け入れたという本音がうかがえます。そうでなければ、「承知しました」と言うべきです。

遺《い》憾《かん》に存《ぞん》じます

任せられた責任を果たすことができず、まことに遺《い》憾《かん》に存《ぞん》じます。

意味

思いどおりにいかずに残念に思う。期待を裏切られて腹立たしい。

例文

・先方の不誠実な態度は、極めて遺憾であります。

・再びこのような事態を起こしたことは、遺憾に堪えません。

謝罪というより残念な気持ち

企業のトップや政治家が、記者会見でこのことばをよく使っていますが、本来の意味からは少しずれているように感じられます。本来は、何か目標を持って努力したものの、思うような結果が得られず残念に思う気持ちを示すフレーズでした。

ですから、自らの行為を指して言う場合には、「力が足りずに残念」「申し訳ないが期待に添えません」という意味になります。一方、相手に向かって使うと、期待どおりにいかないことに対する「不満」や「腹立ち」の意味になるわけです。

ところが、前者で「残念に思う」という意味に過ぎなかったものが、いつしか「謝罪」や「お詫び」に拡大解釈する人が増えてきました。そうした意味の変化があったことを知らずに謝罪の気持ちで使うと、本来の意味しか知らない人から、「残念に思うだけなのか！　謝罪になっていない」と非難されてしまいます。

そうした非難を避けるには、素直に「大変申し訳ありません」「心よりお詫びいたします」と言ったほうがよいでしょう。

また、「遺憾なく力を発揮する」という言い方がありますが、これは「残念な気持ちにならないよう（後悔がないよう）全力で」という意味で使われています。

逆鱗《げきりん》に触《ふ》れる

【類義語】不興《ふきょう》を買《か》う

私の不用意なひと言が、先方の会長の逆鱗《げきりん》に触《ふ》れてしまった。

意味　うっかり目上の人を激しく怒らせる。

例文
・行きつけの店の店長の逆鱗に触れて、出入り禁止になってしまった。
・社長の逆鱗に触れることをいとわず、面と向かって反論した。

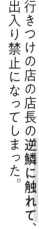

逆さの鱗に触ってはダメ

どんな人でも、「それだけは言ってほしくない」という弱点や秘密を持っているもの。うっかりその点に触れてしまうと、大変な怒りを買ったり報復を受けたりすることを覚悟しなければなりません。

「逆鱗」は、まさに「触れてはいけないところ」に当たります。古代中国の書物『韓非子《かんぴし》』によると、伝説上の動物である神龍は、体じゅうが鱗《うろこ》で覆われているといいます。そのなかで、あごの下に1枚だけ逆さに生えている鱗があって、ここを触られるのが大嫌い。普段は穏やかな神龍が、ここを触られると激怒して、その者を殺すというのです。つまり、「逆鱗」とは触れてはならないものの象徴であって、「逆鱗に触れる」というのは、怒りを買う言動を指すわけです。

一般に自分より目上の人に対して使いますので、「部下の逆鱗に触れた」とは言いません。ただし、男性が「妻の逆鱗に触れた」と言うのはしばしば耳にします。奥さんのほうが目上という意識なのでしょう。

激怒させるほどでなく、「相手を不機嫌にさせてしまった」という程度ならば、「**不興を買った**」くらいが適切です。

児《じ》戯《ぎ》に等《ひと》しい

【類義語】子どもだまし

名ピアニストの前では、私たちの演奏など児《じ》戯《ぎ》に等《ひと》しかった。

意味

子どもの遊びと同じくらいに価値がない。比べようがないほどレベルが低い。

例文

・あの大混乱の時代に比べれば、この程度の社会不安なんて児戯に等しい。

・私がやっているボランティア活動なんて、児戯に等しいものだよ。

レベルの低さを揶揄

「児戯」は文字通り、「子どもの遊び」「児童のたわむれ」という意味の熟語です。なにやら、かわいいお遊戯を形容するようにも見えますが、そうではありません。いい大人がやっていることを指して、「あなたのやっていることは、子どもの遊びと同じだ」と言っているのです。要するに、「下手くそ、ほとんど価値がない、幼稚でくだらない、レベルが低い」ことを見下すことばなのです。

多くの場合、優れた技能を持つ者を引き合いに出して、「それに比べると児戯に等しい」という言い方をします。具体的に引き合いに出さない場合であっても、比較するものを念頭に置いています。たとえば「あの選手のテクニックなど児戯に等しい」と言うときは、優れた選手のテクニックを頭に描いているのです。

同様にレベルの低さを揶揄することばとして「**子どもだまし**」があります、「子どもでもだませる」ということなので意味合いはやや違いますが、ほぼ同じように使うことができます。

もっとも、今どきの子どもは昔の子どもとは違います。「子どもだから」などとあなどっていると、足元をすくわれてしまいます。

笑《しょう》止《し》千《せん》万《ばん》

こんなお土産で私のご機嫌をとろうとは、笑《しょう》止《し》千《せん》万《ばん》だね。

意味

大変ばかばかしいこと。ひどくおかしい様子。

例文

・その成績で一流大学を目指そうなんて、笑止千万だ。
・笑止！　待ち合わせる駅を間違えて1時間も待っていたとは。

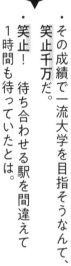

強いあざけりの気持ち

「笑止」という文字面を見ると、「笑うのは禁止！」「笑うのをやめろ！」と言われているように感じますが、本当の意味はそうではありません。逆に、「笑ってしまうほどばかばかしいこと」を指しているのです。

このことばは、古代中国の「勝事」に由来しているといわれています。「勝」には「すぐれる」の意味があるために「優れたものごと」を示し、日本では「しょうじ」または「しょうし」と発音されました。

それが、よくも悪くも「人の耳目を引くようなことがら」「珍しいことがら」を指すようになり、やがて「笑ってしまうほどおかしなことがら」の意味が派生して「笑止」の漢字が当てられるようになったのです。「笑止！」のひと言だけでも用いられますが、後ろに「千万」を付けることで「ばかばかしくて呆れはてる」という強いあざけりの気持ちを示します。

戦前の小説や詩にはよく登場しますが、現在では古くさいストーリーで使われている程度です。もっとも、最近ではアニメの登場人物が発するせりふにも使われていますので、意外と子どもたちのほうが知っているかもしれません。

へそが茶《ちゃ》を沸《わ》かす【類義語】ちゃんちゃらおかしい

へそが茶《ちゃ》を沸《わ》かすようなホラ話はもういいから、現実を見てくれ。

意味

あまりにばかばかしい。笑ってしまうほどくだらない。

例文

・あなたがノーベル賞をとりたいだなんて、へそが茶を沸かしちゃうね。
・こんな企画が通ると思っているのか、へそで茶を沸かすぞ。

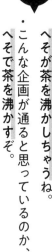

きつく罵りたくなったら

相手がどうにもばかばかしい意見や提案を出してきたとき、「バカヤロー！」「ふざけてんのか！」と大声で罵倒しては相手も萎縮するだけ。とはいえ、罵《ののし》ってやりたい気持ちは抑えられない……。そんなときにうってつけなのが、この慣用句です。

へそが茶を沸かすなどいう現象は有史以来あり得ないので、そこから「考えられないほどばかばかしい」という意味で使われるようになりました。「笑止千万《しょうしせんばん》」(→272ページ)や「**ちゃんちゃらおかしい**」の類義語といってよいでしょう。「へそで茶を沸かす」ともいい、江戸時代の浄瑠璃や滑稽本でよく用いられ、いかにも江戸っ子が好きそうなユーモアあふれる慣用句です。

「へそが茶を沸かす」なんて、想像しただけでおかしな光景ですから、ストレートに罵るよりは場も白けず、もしかすると笑いがもれる……かもしれません。

もっとも、言われたほうは「ばかにされた」と感じる人も多いでしょうから、使う相手と場面にはよほど注意しないといけません。プライドの高い人に使ってしまうと、不穏な雰囲気が漂いかねません。どちらかというと、気心の知れた友人や、なんでもいえる同僚や部下に使うのがいいでしょう。

二《に》の句《く》が継《つ》げない

【類義語】絶《ぜっ》句《く》する　【参考】あげくのはて

遅刻した理由として「風が強かったから」と答えられ、二《に》の句《く》が継《つ》げなかった。

意味

相手の言動に衝撃を受けて声が出ない。驚いたりあきれたりして返すことばが見つからない。

例文

・彼が1年間ヒマラヤで修行すると言うので、あきれて二の句が継げない。

・歴史あるこの店を取り壊すと聞き、二の句が継げずにへたり込んだ。

「は？」「え？」

相手の言動に対して驚いたりあきれたりして、何もことばが出てこない様子を表していいます。「あきれてものがいえない」「驚いて**絶句した**」と言い換えることができます。嬉しい驚きには使わず、失望やあきれ、怒りなどのネガティブな驚きのときだけに使うのが「絶句」とは違う点です。「つげない」に使う漢字は、「告げない」ではなく「継げない」です。

語源としては、雅楽の「朗詠」で2段目の音が急に高くなって、声を出しにくいことに由来するという説が一つ。もう一つは、五・七・五の長句と七・七の短句を繰り返す「連歌」または「連句」で、最初（発句）の出来が悪いと、それを受ける2番目の句（二の句）をどう継げばよいのか戸惑うからという説です。

いずれにしても、前にくるものが原因で、うまく次につなげることができないのは共通しているようです。ちなみに、「**あげくのはて**」の「挙げ句（挙句）」「揚げ句（揚句）」とは、連歌や連句の最後の七・七の句を意味します。そこから、ものごとの最終的な様子を指して「あげくのはて」、最終的な結末を指して「〜したあげく」と用いられるようになりました。

失笑《しっしょう》が漏《も》れる

厳粛な儀式の最中にうっかり言い間違いをして、会場から失笑《しっしょう》が漏《も》れた。

意味

思わず笑い声が出る。
思いも寄らない言動に笑ってしまう。

例文

・中途半端な知識で専門家に議論をふっかける姿は、まさに**失笑**を禁じ得ない。
・質問の内容を聞き違えたまま返答をして、参加者の**失笑**を買ってしまった。

プッと吹き出してしまう

「失笑」は、意味を誤解されがちな熟語の一つです。「相手をばかにした笑い」「あざ笑うこと」と思っている人が多いようですが、そうではありません。

この「失」は、「失言」の場合と同じく「うっかり〜する」「誤って〜する」という意味で使われています。たとえば、緊張している場面で思ってもみない発言を聞いて、思わず「プッ」と吹き出してしまう様子を想像するとよいでしょう。

いってみれば反射的な反応ですから、「失笑」自体には、けっして悪意があるわけではありません。「失笑が漏れる」も同様で、誰かが「失笑」した状況を説明しているにすぎません。

ところが、「失笑を禁じ得ない」となると、マイナスの意味が含まれてきます。というのも、「あなたの言っていることは、プッと吹き出すようなものですよ」と冷静に評価を下している表現だからです。もちろん面と向かって言うとけんかになりますが、こっそりと陰口を叩くには適したことばといえるでしょう。

「失笑を買う」も同様ですが、こちらは自分に対して使うこともでき、自分の行為を卑下したり反省したりするときに用います。

一顧《いっこ》だにしない

【類義語】一瞥《いちべつ》

残念ながら、私の画期的な提案は
一顧《いっこ》だにされなかった。

意味
まったく検討に値しない。
心にとめることもしない。

例文
・そんなつまらないSNSの書き込みは、
一顧の価値もない。
・時計の針を戻すような彼の意見は、
一顧だに値しない。

少しも心にとめることがない

「顧」には、「顧（かえり）みる」という訓読みがあることからもわかるように、「振り返る」「心にとめる」という意味があります。昔を振り返ることを「回顧《かいこ》」、広い視野を持って助言する人を「顧問」といいますね。「一顧」は、それと「一」を組み合わせることで、「ちょっと見る」「少し心にとめる」という意味になります。

通常は打ち消しの表現とともに、「まったく見ようともしない」「検討に値しない」という意味で使い、「一顧だに〜ない」という組み合わせが一般的です。「だに」については「夢想《むそう》だにしなかった」（↓142ページ）で説明したように、現代語の「すら」「さえ」と同じく、打ち消しを強める用法があります。

かなり強い否定ですから、相手の提案や申し出があまりにひどく、あきれてものがいえない様子が思い浮かびます。相手に対して面と向かって言うのは、よほどの場合に限られます。

「一顧」と似た熟語に「一瞥」があります。これは、具体的に相手をちらりと見る（視線を投げる）ことを意味します。一顧とは違って、「心にとめる」という抽象的な意味はありません。

食《く》えないやつ

相手によって言うことがまるで違うとは、なんて食《く》えないやつなんだ。

意味

扱いに面倒な人。こちらの思うように動かない人。融通の利かない人。

例文

・女性の参加者が多い会だけ出席するとは、あいつは食えない男だ。
・食えない上司のもとで働いていると、ひどく肩がこる。

くせ強っ!

まさに「くせが強い人」を指すのにぴったりなことばが、この「食えないやつ」です。「食えない」は、「煮ても焼いても食えない」という慣用句に由来しており、「どうやっても扱いに困る」という意味が込められています。

それが悪い意味で使われているのか、それほどでもないのかは、その場その場によって異なります。悪い意味で使われるときは、ずるがしこい人、油断できない人、勝手な人など、いわゆる「手に負えない人」を表します。もちろん、その場合は本人の面前で言ったら大変です。本人がいないときに、陰口として使うのがいいでしょう。

一方、それほど悪くない意味では、くせのある人一般を指します。たとえば、ばか正直な人、自分のやり方を曲げない人、要領のいい人、自分をしっかり持っていて周囲の動きに対して動じない人など、要するに外からコントロールするのが難しい人に使うことばだと覚えておくとよいでしょう。

その場合でも、面と向かって「(おまえは)食えないやつだなあ」と言うのは、長年の知り合いやごく親しい友人に限ったほうが無難です。

いけ好《す》かない

【類義語】虫《むし》が好《す》かない

相手が上司だと態度がころりと変わるところが、どうもいけ好《す》かない。

意味

嫌な感じがして好きではない。言動が生理的に気に食わない。

例文

・あいつは知識をひけらかしてばかりで、いけ好かないやつだ。
・挨拶しても、うんともすんとも返事をしない。いけ好かない野郎だ。

ホント、ムカつく

「あの人はどうも好きになれない。見ているだけで腹立たしい」という存在は、どこに行ってもいるものです。そんな人を指すときに、近年使われていることばが「ムカつく！」ですが、罵ることばが「ムカつく」だけでは語彙不足というもの。罵倒語もレベルによっていろいろ用意して使い分けると、人生が豊かになる……かもしれません。

この「いけ好かない」は、「好かない」「好きじゃない」だけでいいのに、なぜ「いけ」が付いているのでしょうか。「いけ」は、ほかのことばの前に付く接頭語で江戸時代から使われるようになり、「いけしゃあしゃあと」「いけ図々しい」など、マイナスのイメージを付け加えます。方言だと思っている人も多いようですが、上方で近松門左衛門《ちかまつもんざえもん》の作品にしばしば登場し、それが江戸に伝わったといわれています。「いけ」がつくために、単に「好きではない」だけでなく、「嫌な感じのやつ」「気に食わないやつ」というニュアンスが加わります。いってみれば、生理的な嫌悪感が強調され、できれば近づきたくない気持ちがうかがえます。その点では、「**虫が好かない**」に似た表現といってよいでしょう。

苦《く》言《げん》を呈《てい》する

新人社員が学生気分のままでいるので、苦《く》言《げん》を呈しておいた。

意味

相手によかれと思って問題点を指摘する。

例文

・上司から苦言を呈されて、しばらく落ち込んでしまった。
・企画書の文章がわかりにくいと、上司の苦言を聞いた。

相手を思っての小言

がみがみと叱るまでもないけれど、少し直してほしいところがある。そんなときに発するひと言が「苦言」です。

「自分のためになる忠告は、苦々しく感じるものだ」という意味のことわざに「良薬口に苦し」がありますが、同じような意味で「苦」という漢字が使われています。たしかに、言われた側からすると、その場は苦々しく感じることでしょう。しかし、相手は自分のために言ってくれていると思い、少なくとも表面的には「はい」とおとなしく従うのが大人の対応です。

「苦言」は多くの場合、「贈る、差し出す」を意味する動詞の「呈する」とともに、「部下に苦言を呈した」「○○さんから苦言を呈された」という使い方をします。「苦言を与える」「苦言を聞く」などの表現も可能です。

一般に目下の者か、せいぜい同僚や仲間に対して使うことばなので、上司や客先に使ってはいけません。また、自分の立場が上であることを前提としているので、自分から「苦言を呈した」と言うと、第三者からはかなり偉そうに聞こえてしまうので注意が必要です。

隔《かっ》靴《か》掻《そう》痒《よう》

核心に触れず過去の経緯ばかり議論する様子を、隔《かっ》靴《か》掻《そう》痒《よう》の思いで見ていた。

意味

もどかしく感じること。
歯がゆい思い。

例文

・この企画書の意図はわかるけど具体性がなくて、隔靴掻痒だ。
・新市場参入か撤退か、社長のあいまいな談話に隔靴掻痒の思いがつのる。

もやもやしてもどかしい

文字どおり、「靴を隔てて痒（かゆ）みを掻（か）く」という意味です。「外出先で急に足がかゆくなったけれど靴を脱ぐことができない。仕方がないから靴の上からかいて我慢しよう」と思っても、それでかゆみが収まるわけはありません。もどかしくて、いらいらするばかり。そんな気持ちを表す四字熟語です。

とくに、相手とうまくコミュニケーションがとれない場面でよく使われます。相手の気持ちはぼんやりと理解できるものの、具体的に伝わってこないときに、「悪くはないんだけど、なんか隔靴掻痒だ」という言い方をします。全否定しているわけではありませんが、いま一つ納得がいかない気分なのです。つまり、強い怒りや叱責ではなく、いらだちと歯がゆさを感じているわけです。

相手にすれば、「じゃあ、あんたが修正しろよ。好きなようにしてくれ」と反論したいところですが、自分がそれを否定したり修正したりする力や立場がないために手を出せない、というニュアンスも含まれています。ですから、試合に出られない選手がベンチのなかで、「なんで、あそこで点がとれないんだ」とレギュラー選手に対して感じる気持ちは、隔靴掻痒の典型例といってよいでしょう。

揣《し》摩《ま》憶《おく》測《そく》

やり手の理事長の突然の辞任劇に対して、さまざまな揣《し》摩《ま》憶《おく》測《そく》が飛びかった。

意味

あやふやな情報をもとに推測すること。自分の考えだけで推し量ること。

例文

・社長が権力闘争の末に引退したというのは、おそらく揣摩憶測に過ぎない。

裏事情を憶測

「憶測」はわかりますが、「揣摩」はなじみのないことばです。人の心を推し量ることを意味する熟語で、「憶測」とほぼ同じ意味といってよいでしょう。同じような熟語を重ねることで意味を強調した四字熟語です。ですから、例文の「揣摩憶測」は「憶測」と言い換えても差し支えありませんが、難しそうな漢字を並べることで、おどろおどろしい雰囲気がかもし出されます。そのためか、政治やビジネスの裏側のような、どろどろとした世界を語るときによく使われます。

CHAPTER 10

知っておきたい表現

夢《ゆめ》うつつの状態《じょうたい》

合格の知らせを聞き、夢《ゆめ》うつつの状態《じょうたい》で歩いて帰ってきた。

意味

夢なのか現実なのか区別がつかない状態。

例文

・彼女は夢うつつの気分で、プロポーズのことばを待っていた。
・昨夜は夢うつつのなかで、駅までたどり着いたような気がする。

宙に浮いているような気持ち

信じられないほど嬉しいことがあったとき、「嬉しい！」だけでも悪くはありませんが、できればもっとリアルに気持ちを表現したいもの。そんなときに、ぴったりなのがこのことばです。

「本当にこれが現実なんだろうか？」「こんないい話があるなんて夢みたい」という、地に足がつかずに、空中をふわふわ漂っているような気持ちを示します。一方で、嬉しいときに限らず、ぼんやりしているさまを表現するときにも使われます。古い小説では、気分が悪くてぼんやりしている様子にも使われました。

通常は「夢うつつ」をひとまとめにして使うことが多いため、もとから一語だと思っている人が多いようですが、語源をたどれば「うつつ」は現実のこと。漢字では「現」と書きます。つまり「夢うつつ」は、夢と現実という正反対のものを並べることで、夢なのか現実なのかわからない状態を指しているわけです。

古くは、「夢かうつつか」または「夢かうつつか幻か」という形で、信じられないという気持ちを表す成句がありました。ちょっとキザですが、教養のありそうな相手を選んで、こんなことばを使ってみるのもいいかもしれません。

示《し》唆《さ》する

昨年発表された社長のメッセージが、今回の経営統合を示《し》唆《さ》していた。

意味

それとなく手がかりや答えを教える。ほのめかす。

例文

・異業種の友人の話から示唆を得て、難局を乗り切ることができた。
・独学で大学教授になった人のエピソードは、極めて示唆に富んでいる。

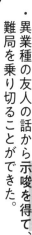

ヒントを教える

世の中のもろもろのことは、答えがはっきりと示されるとは限りません。むしろ、言外の意味を推測したり、相手の表情の変化や文章の行間を読み取ったりと、さまざまなヒントから自分自身で考えていく必要があります。

そんなヒントや手がかりを与えることが「示唆」です。たとえば、おおっぴらにしたくない事情がある場合、遠回しに言及したりオブラートに包んで口にすることを指します。示唆するものは、ことばだけとは限りません。「株価の推移は、相場がバブルに向かっていることを示唆している」という言い方もできます。

「示唆する」という動詞として使うほかに、「示唆に富んでいる」という言い方をすると、「学ぶべきことを多く含んでいて価値がある」という意味になります。

この熟語は「ししゅん」と誤読する人が多いのですが、「唆」の音読みは「サ」。「唆（そそのか）す」という訓読みをします。「教唆《きょうさ》」という熟語は字面だけを見ると「示唆」に似ていますが、混同すると大変です。「教唆」は「悪いことをするようにそそのかす」というマイナスの意味で使われ、とくに犯罪に関わるケースがほとんどだからです。

姑《こ》息《そく》な

にわか仕込みの姑《こ》息《そく》な知識では、あの人を言い負かすことはできない。

意味

その場しのぎの。一時の間に合わせ。気休め。

例文

・まずは姑息的治療で体力をつけてから、根本的な治癒を目指そう。

・姑息な方法かもしれないが、会社存続のためにはやむを得ない。

ひとまず息をつなぐ

本来の意味を誤解されている熟語の一つです。現在では「あんな汚いやり方をするなんて、なんて姑息なやつだ」と、「ひきょうな」を意味するネガティブな使い方がほとんどですが、もともとはそうではありませんでした。

「姑」には「しゅうとめ」のほかに、「一時的、しばらくの間」という意味があります。それと「息」を組み合わせることで、「ひとまず息をつなぐ」ということ。つまり、その場しのぎ、一時の間に合わせという意味で使われてきました。

とはいえ、その場しのぎの対応は、根本的な解決につながりません。そのために、無責任、さらにはひきょうという意味が加わったと考えられます。文部科学省の調査では、本来の意味である「一時しのぎ」と答えた人は2割以下。「ひきょう」という意味だと答えた人が7割を超える結果となったそうです。

本来の意味が残されているのは、医療の世界です。「姑息的治療」は疾患を原因から根本的に治すのではなく、一時的な苦痛の軽減や解熱など、広い意味で対症療法を指すことばです。ただ、悪い意味に誤解されることが多くなってきたため、最近ではあまり使わない傾向にあるようです。

忖《そん》度《たく》する

会議では周囲への忖《そん》度《たく》も必要だが、自分の意見を示すことも大切だ。

意味

他人の気持ちを推し量る。推し量って相手に配慮する。

例文

・同僚の気持ちを忖度して、手続きを進めておいた。
・当社が事業を進めていくうえで、親会社への忖度は欠かせない。

「相手の立場を思いやる」のが本来の意味

２０１７年の「新語・流行語大賞」の年間大賞に選ばれて以来、多くの人が知る熟語になりました。本来は、「相手の気持ちを推し量る」「相手の立場を思いやる」という、いい意味を持つことばです。

「忖」は「測る、推し量る」、「度」にも「測る」という意味があります。そこで、「忖度」は「相手の気持ちを推し量る」という意味になったわけです。ところが、相手が目上の人の場合、相手の気持ちを想像するだけでなく、気を回して配慮をしたり、便宜を図ったりしがちです。

事実、国会の論戦やメディアの報道で使われていくうちに、「権力者の立場や考えに配慮して、落ち度のないよううまく対処する」というネガティブな意味だけが目立つようになってしまいました。そして、流行語となって以来、「忖度」は「顔色をうかがう」「便宜を図る」という悪いイメージだけが付いてまわっています。

ですから、今ではビジネスシーンで「忖度」を使うのは要注意です。以前は、「いい契約を結ぶには、取引先への忖度が欠かせない」と言って何も問題なかったのですが、現在では下手をすると裏金や会計操作を疑われてしまいます。

むべなるかな

日本の果物は手がかかっているから、高価なのもむべなるかなだ。

意味

もっともなことだ。
たしかにそのとおりだ。

例文

・イケメンで歌がうまい。人気があるのも、むべなるかなだね。
・このチームが負けたのもむべなるかな、基本がなっていない。

ほどよい納得感

「なるほどそうだね」「そうだったのか」と、納得したり感心したりするときに使うことばです。「むべ」は、百人一首（古今和歌集）の「吹くからに秋の草木のしをるれば　むべ山風を嵐といふらむ」（文屋康秀《ふんやのやすひで》）にも登場する古い語で、さらに古くは「うべ」とも書かれていました。

古文の文法で説明すると、「むべ」に断定の「なり」が付き、さらに詠嘆の「かな」が付いた形です。ただし、現代語では「むべなるかな」を一語として、「むべなるかな、だね」「～なのも、むべなるかな、ですね」のように使います。

会話ならば、「もっともなことだね」「たしかにそのとおりですよね」でいいのですが、あえて古めかしい「むべなるかな」を使うことで、会話にメリハリをつけることができると同時に、インテリっぽい雰囲気をかもしだすことができます。そんな効果を狙ってか、意外に現在でも広く使われています。

漢字では、「宜なるかな」と書くことがあります。「時宜《じぎ》を得た」（→178ページ）で説明したように、「宜」には「よろしい」「ほどよい」という意味があるので、この字を当てたのでしょう。

あまつさえ【類義語】あろうことか、事《こと》もあろうに

到着した無人駅にはタクシーの姿もなく、あまつさえ、雪も降ってきた。

意味

それに加えて。さらに困ったことに。

例文

・約束をすっぽかし、あまつさえ、お金を返そうともしないのは腹が立つ。
・今年の売上は予想以下だった。あまつさえ、去年の売上にも達していない。

おまけに

古めかしい表現ですが、現代の小説やエッセイでもしばしば見かけることばです。語源をたどると、「あまり（余り）」に「さえ」がついたものです。古文の助詞「さへ（さえ）」は、現代語では「～までも」を意味するので、「なにかのあとに余計な別のことまでもが起きた」ことを示します。

時代が下ると「あまりさえ」が「あまっさえ」と変化しますが、促音の「っ」は昔の記述では「つ」と区別しないため、「あまつさえ」という表記のままで読まれるようになったと考えられます。

意味としては「そのうえ」「おまけに」ですが、語源の「あまりさえ」に「余り、余計なこと」の意味があったため、現在もそのニュアンスが残っています。つまり、単に何かが連続するだけでなく、好ましくないことが立て続けに起きたときに使います。その点では、「**あろうことか**」または「**事もあろうに**」に近く、例文もそれらに置き換えることができます。

悪いことが重なるのは、私たちがよく体験することです。使い慣れないことばかもしれませんが、ＳＮＳで使ってみると、みんなの目を引くかもしれません。

なかんずく

協力してくださった方々、なかんずく同級生たちには大変お世話になりました。

意味

とくに。とりわけ。なかでも。

例文

・百人一首の絵札は見るだけでも楽しいが、なかんずく蝉丸の姿は興味深い。

・なかんずく北斎の版画は、西洋にも大きな影響を与えている。

中につく

会話ではまず使いませんが、年配の人が書いた堅苦しい文章で、しばしば目にすることができます。

意味としては、「中に（を）つく」と覚えておくとよいでしょう。「たくさんあるなかから、とくに取り上げてみると」という意味であり、簡単にいえば「とくに」「とりわけ」で置き換えられます。

ただし、「なかんずく」といって取り上げるものは、「そのなかでもとくに重要なもの」「明らかにほかより優れていること」である点がポイントです。ですから、よいものを強調する言い方であり、悪いものを取り上げることはありません。

もともとは、漢文の「就中」を訓読した「中に就く」に由来しています。「中につく」のですから「なかんづく」と書くのが本来の表記ですが、すでにその由来を知る人もほとんどいないので、現在では「なかんずく」と表記してよいとされています。「つま先を突く」ことが「つまづく」ではなく、現代語では「つまずく」と表記するのと同じ理屈です。

研究論文や報告書など、文語調の堅い文章に使うと雰囲気が出ることばです。

尋《じん》常《じょう》ではない

通常の使い方をしていたにしては、尋《じん》常《じょう》ではない壊れ方をしている。

意味

普通ではない。
飛び抜けている様子。

例文

・尋常な取り組みでは、とてもではないが期日までにでき上がらない。
・今年の夏のヨーロッパは、尋常じゃない暑さだった。

スゴイね！

「昨日の地震はジンジョウじゃない揺れ方だった」「部長の怒り方はジンジョウじゃないね」と会話でも使いますが、どんな漢字を書くのかを知らない人も多くいるようです。通常は「尋常ではない」というように打ち消しの表現とともに使われて、「特別な」「飛び抜けている」という意味になります。

「尋」は「尋（たず）ねる」という意味のほかに、左右の腕を広げた長さも意味していました。長さを表すときの訓読みは「ひろ」。船乗りや釣り師は今でも、水深や（深さを測る）釣り竿、ロープの長さを示すときに、「1尋、2尋……」という単位を用いています。そして「常」というのは、もともと「尋」の倍の長さを表していました。この2つの漢字を組み合わせることによって、「ごく身近で一般的な長さ」「普通のこと」という意味に転じたようです。

後ろに「一様」をつけて意味を強め、「尋常一様の対策では乗り越えらない」という使い方もできます。例文はどれも「尋常一様」に置き換えることが可能です。

若い人だったら、いつも「すっごい！」だけではなくて、たまには「尋常じゃない」と口にすると、大人っぽく見られるかもしれません。

祈《き》念《ねん》する

皆様のご健康とご活躍を祈《き》念《ねん》して、今日の会はお開きといたします。

意味

願いがかなうように、祈り念ずる。

例文

・貴社のますますのご発展を祈念いたします。

・私ども一同、一日も早いご回復を祈念しております。

プラスのことを祈る

「祈念」と「記念」は読みが同じで意味も似ているので、よく混同されます。「祈念」は、まさに祈り念ずること。もともとは宗教的な意味を持つことばでしたが、今では日常的な用語として使われており、例文のような定型句にも用いられます。

祈る相手は、会社のような組織や団体、あるいはグループなどが一般的です。上司や取引先などの個人に対して使うこともできますが、ちょっと大げさな印象なので、「お祈りいたします」くらいが適当でしょう。祈る内容については、健康、発展、活躍、成功、回復、全快など、プラスの内容ならばさまざまなことに使えます。

「祈念」と「記念」の最大の違いは、「祈念」が未来に対する願いや望みなのに対して、「記念」は過去のできごとを忘れないためのものです。ですから、「平和祈念堂」は今後の平和を求める願いを込めた施設であり、「創立記念日」「結婚記念日」「記念の品」は過去のことがらを思い出や記録にしておくためのものです。

両者は、アクセントにも違いがあります。「祈念（する）」は最初の「き」が高い頭高アクセントであることに注意。「記念（する）」は、平板アクセントです。ただし、「祈念館」と「記念館」は同じアクセントになります。

ことの顛末《てんまつ》

例の事件について、ことの顛末《てんまつ》を知る最後の一人が、今年定年退職となった。

意味

できごとの最初から最後まですべて。

例文

・トラブルがあったのは知っていたが、その顛末を聞いて驚いた。
・今回の納期の遅れについて、ことの顛末を文書で報告した。

一部始終、細かく

会社や組織にもよりますが、仕事上で大きなミスをした場合、「顛末書」という文書の提出を求められることがあります。なぜそのミスが発生したのか、どんな経過をたどったのか、そして最後にどうなったのかを文書化することによって、同じようなミスの再発を防ぐのが第一の目的です。

「顛」には「てっぺん、いただき」という意味があり、「末」は最後を意味する「すえ」ですから、「顛末」は「できごとの最初から最後までの一部始終」という意味になります。「結末」と混同しがちですが、「顛末」は「経緯」「一部始終」を表すことばで、「結末」は最後の場面だけを指すことばです。

一般に、「事件の顛末」「ことの顛末」という使い方をすることが多く、「知らない人が多いので、詳しく教えたい」「みんなが知っていることとは違って、本当はこうだった」ということを強調するために、よく使われます。

ところで、「顛末書」に似たものに「始末書」があります。どちらかというと、「始末書」は謝罪や反省の表明として書かれることが多く、「顛末書」は事実の洗い出しや再発防止が念頭に置かれている点に違いがあります。

奇《き》貨《か》として

今回の感染症拡大を奇《き》貨《か》として、テレワークの推進を試みてほしい。

意味

悪い状況を逆にうまく活用して。ピンチの状態を成功のチャンスと考えて。

例文

・この不祥事を奇貨として、会社のガバナンス体制を一新すべきだ。
・ライバルの秘密を知るや、それを奇貨として脅迫まがいの行動に走った。

もしかしたらお宝かも

「〜を奇貨として」という表現を、会社トップのスピーチやビジネス関係のニュースで見たことがあるかもしれません。「奇」という字からは「奇妙」をイメージしがちですが、けっしてネガティブな意味だけでなく、「珍しい」という意味も含まれます。そのため、「奇貨」は珍しい品物や財宝を指すことばなのです。

珍しいものには、大きな利益を生む可能性があります。そこから、何かのできごとをもとに、「〜を奇貨として」という使い方をすることで、「都合よく利用して」「このチャンスを活かして」を意味するわけです。

よい意味に使われると、「一見悪い状況のようだが、それをうまく利用してプラスにしていこう」という意気込みが読み取れます。最近では、この使い方をよく見かけます。悪い意味に使われると、「目的を達成するために、できごとを都合よく使う」という内容を示します。

「奇貨居《お》くべし」という慣用句があり、これは「珍しい商品は迷わず入手して、手元におくべきだ」というのが表面的な意味。それが転じて「好機を逃がしてはいけない」「素質のありそうな人材はそばにおくべき」などの意味で使われます。

二《に》の足《あし》を踏《ふ》む

【類義語】逡巡《しゅんじゅん》する

アフリカに一人旅に行きたいけれど、いざ実行するとなると二《に》の足《あし》を踏《ふ》む。

意味

思いきって進めることができない。どうしたらよいかためらう。

例文

・オークションに出ている版画を買いたいが、値段が高くて二の足を踏んでいる。

・売れ行きを不安視して二の足を踏んでいるうちに、他社に先行を許した。

二歩目で足踏み

人間には2本しか足がないのですから、「二の足ってどっちの足のこと?」と誰もが不思議に感じます。これは、「歩き始めて二歩目の足」を指しています。当たり前ですが、右足から踏み出せば左足、左足からなら右足のこと。

その足を踏むとなると、踏むのはもう一方の足ということになって転びそうですが、そうではありません。ここでいう「踏む」は、踏みつけるのではなく、足踏みをするという意味です。つまり、一歩目を踏み出したのに、二歩目を踏み出すことなく足踏みする様子を表しているのです。

そこから、「ものごとを思いきって進められない」「ためらう」という意味が生まれました。「二の足」とくれば「踏む」というのがお決まりの形です。

類義語に「**逡巡する**」があります。「逡」には「しりぞく、ためらう」の意味があり、「巡」には「めぐる、まわる」の意味があるので、これを合わせた熟語「逡巡」は「ためらう」ことを表します。

「独立するかどうか二の足を踏んでいる」と言うと、場合によっては臆病な印象を与えますが、「逡巡している」と言うと真剣に思い悩んでいる様子がうかがえます。

捻《ねん》出《しゅつ》する

【類義語】工面《くめん》

車椅子用のスペースを捻《ねん》出《しゅつ》するために、ロッカーを1か所にまとめた。

意味 苦心して費用や考えをひねり出す。

例文

・彼女は極めて多忙だったが、なんとか時間を**捻出**して会ってもらった。
・新しい営業所の開設が必要だが、そのための費用の**捻出**が最大の課題だ。

工面より大変

報告書や企画書でよく目にする熟語で、主に「費用を捻出する」、つまりお金を工面するという意味で使われます。ただし、単にお金を工面するだけではありません。「工面」にもやりくりするという意味は含まれていますが、「捻出」となると、さらに苦労の意味合いが強まります。

その意味を考えるには、「捻」という漢字がポイントになります。「捻」は「捻（ひね）る」という訓読みがあるとおり、「ひねる、ねじる、指でつまむ」という意味を持っています。ちなみに、部品のネジは「ねじる」という動詞からできたことば、漢字で「捻子」と書くこともあります。

「捻出」は、まさにこの「ひねり出す」「ねじり出す」という意味で、出そうにないところから、苦心して出すことを指しています。ひねり出す対象はお金であることが多いのですが、それ以外にも、時間をやりくりしたり、スペースを空けたりといった場合に使います。

いずれにしても、簡単にお金やスペースがつくれるときには使いません。「簡単じゃないんだ」と強調して伝えたいときに使うとよいでしょう。

おもはゆい

いつも厳しい上司からおほめのことばをもらって、おもはゆい気分になった。

意味

なんとなく恥ずかしい。照れくさい。きまりが悪い。

例文

・新人の私が言うのもおもはゆいのですが、もっと元気にやりましょうよ。
・親子ほど年の離れた若者と一緒に勉強することになり、なんともおもはゆい。

まぶしくてはずい〜

恥ずかしいと感じたときに、「はずい〜！」「照れる〜！」と叫んでもいいのですが、その代わりに、「おもはゆく感じます」「おもはゆい気持ちだね」と言ってみてはどうでしょうか。なんとなく上品な人に見えるかもしれません。

漢字で書くと「面映（おもはゆ）い」。「面」（おもて、おも）は顔を表しています。時代劇で、大岡越前守《おおおかえちぜんのかみ》がお白州で「おもてをあげい」と言いますが、あれは「顔を上げろ」と言っているわけです。

「映い」はまばゆく見える様子のことで、近年ＳＮＳでよくいわれる「映（ば）え」も、もとをたどると「まぶしいほど輝いている」を意味しています。ただし、「おもはゆい」では、「まぶしくて直視できないほど、相手の顔を見るのが恥ずかしい」気持ちを表しているのが大きなポイントです。

「恥ずかしい」といっても、逃げてしまいたいほどの恥ずかしさではなく、「照れくさい」という程度の気持ちと考えればいいでしょう。あるいは、「嬉しいけれども、恥ずかしくて大げさに喜べない」「顔を合わせるのがきまり悪い」という場面にも使われます。

うら寂《さび》しい

秋分の日が過ぎて昼が短くなると、なんとなくうら寂《さび》しい気分になってくる。

意味

なんとなく寂しい。しみじみと悲しい様子。

例文

・町外れの踏切をわたると、そこには**うら寂しい**風景が広がっていた。
・引っ越しで家具がなくなった部屋を見ると、**うら寂しさ**が増してくる。

心が寂しい

「寂しい」「悲しい」は誰でも知っている形容詞で、気持ちをそのまま表現するにはいいのですが、あまりにストレートすぎて余韻がありません。たとえば、旅先でのしみじみした風景をメッセージで送るときに、「車窓の寂しい風景を眺めています」では、いま一つ感情が伝わりません。

ところが、そこにひと言「うら」を付けて、「車窓のうら寂しい風景を眺めています」とするだけで、あら不思議。雰囲気ががらっと変わってきます。同様に「悲しい」を「うら悲《がな》しい」としただけで、読む人の印象はだいぶ違います。

この「うら」は、いったい何なのでしょうか。「おもはゆい」(→318ページ)で触れたように、和語では「おもて＝表＝面＝顔」であり、「外側にあるもの」「外から見えるもの」を「おもて」と読んでいました。「うら」はその反対で、「隠されていて外から見えないもの」であり、「うら＝裏＝心」だったのです。

ですから、「うら寂しい」は「心が寂しい」ことであり、そのニュアンスが含まれるために、単なる寂しさにとどまらず、どこかしみじみと心に沁みる様子が感じ取れるのです。

粗《そ》略《りゃく》な

いくら値段が安くても、こんな粗《そ》略《りゃく》なつくりの製品では売れない。

意味 細やかさがなくて雑な。

例文

・あの方は大事なお得意様だから、くれぐれも**粗略に**扱うことがないように。

粗雑よりは、マシだけれど

「粗末」の「粗」、「省略」の「略」。これだけで、熟語の意味が理解できるでしょう。形あるものにも、形のないものに対しても使えます。「粗雑」よりも堅苦しいイメージで、できばえも「粗雑」よりは少しマシかなという印象を受けます。

人の扱い方においては、「粗略に扱わない」という打ち消しの形にして、丁寧に接することを求めるときに使います。

モノを扱うときならば、「道具を粗略に扱ってはいけない」というような言い方をします。

喧《けん》伝《でん》する

【参考】宣《せん》伝《でん》

取引先の不祥事が大々的に喧《けん》伝《でん》された。

意味 世の中に盛んに広める。

例文

・昔の悪い噂を喧伝されたせいで、仲間に会わせる顔がなくなった。

よくないことをやかましく

「宣伝」は誰でも知っている熟語ですが、そこに「口」が一つ加わったのが「喧伝」です。口が増えたために、やかましさもグレードアップ。実際に、「喧」には「喧（かまびす）しい」「喧（やかま）しい」という訓読みがあり、「喧伝」はワーワーと盛んに言いふらすことを意味します。言いふらす相手は、世間、会社、業界、町内など広いのが特徴。喧伝する内容は、悪い噂や不祥事、事件、フェイクニュースなど、よくないことがらが大半です。その点が「宣伝」との大きな違いです。

早《そう》晩《ばん》

たとえ私が許したとしても、早《そう》晩《ばん》みんなに愛想を尽かされるはずだ。

意味　遅かれ早かれ。いつかは。

例文

・こんな場当たり的な対策では、早晩会社は行き詰まることだろう。

いつかは必ず……

この熟語の「晩」が意味しているのは夜のことではなく、「晩婚」「大器晩成」などに使われているように、「遅い」という意味です。

となると、一つの熟語に「早い」と「遅い」が組み合わさっているわけですから、「早いのか遅いのか、どっちなんだ!?」と言いたくなるかもしれません。

答えを言うと、「場合によって、早いときもあれば、遅いときもある」ということ。言い換えれば、「遅かれ早かれ、いつかは必ず」という意味になるわけです。

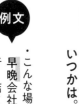

薬《やく》石《せき》効《こう》なく

【参考】鬼《き》籍《せき》に入《い》る

薬《やく》石《せき》効《こう》なく、社長○○儀、○月○日に永眠いたしました。

意味　治療のかいなく(亡くなった)。

例文

・母○○は、薬石効なく、○月○日に死去いたしました。

手を尽くしたけれど

身内の人間の死去を知り合いや関係者に伝えるときに使うことばで、新聞などで見たことがあるでしょう。「薬石の効果もなく」を短くした慣用句です。

では、この「石」は何かといえば、石でできた治療用の鍼《はり》を指します。要するに、「いろいろと手を尽くしたけれども、残念ながら及ばなかった」というわけです。

また、亡くなることの言い換えとして「**鬼籍に入る**」という表現があります。生者の戸籍から亡者の戸籍に移ったということですね。

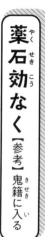

潤《じゅん》沢《たく》な

当社には、新しい事業に乗り出すための潤《じゅん》沢《たく》な資金がある。

意味 予算や物資がたっぷりある様子。

例文
・物資が潤沢ではなかった終戦直後は、誰もが生活に苦労した。

たっぷりとしたイメージ

たくさんある様子を示す熟語には、「大量」「豊富」「数多《あまた》」などがありますが、それらと比べて「潤沢」にはセレブ感があります。たぶん、「潤」の訓読みである「潤（うるおう）」に、カサカサではないしっとりとしたイメージがあるためでしょう。「沢」もまた、流れる水が尽きることなく流れていることから、たっぷりとあるイメージにふさわしく、「贅沢」という熟語にも使われています。

ビジネスシーンでは、特に資金が豊富にある様子に使われます。

CHAPTER 11

わかりにくいカタカナ語

アイデンティティ（identity）

激動の時代においては、自らのアイデンティティを確立することが重要だ。

意味　自分が自分であること。自己同一性（の証明）。

例文
・和食は日本人のアイデンティティを象徴している。

わたしはわたし

同じ一人の人間でも、時代や環境が変わると容貌も考え方も変わりますし、家庭と職場とでは別の役割を演じます。それでも、「自分は自分」に変わりありません。それがアイデンティティです。

そして、その人がその人であることを証明するのが、ネットの買い物やログインで使うＩＤ（アイデンティフィケーション）であり、身分証明書として使われるＩＤカードです。その意味が広がって、ある集団の一員らしさを示したり、企業理念を示すようにもなりました。

アサイン (assign)

専任の担当者として山田さんをアサインした。

意味

割り当てる。選任する。

例文

・新規プロジェクトに、行動力のある人物を3人アサインしてほしい。
・[：] キーに「後退」機能をアサインして入力を効率化する。

割り当てたらあとは解放

外資系企業から広まったビジネス用語で、管理職やリーダーが部下に役割や仕事を割り振ることです。一般に「アサインする」という動詞で使われ、選任や任命することを意味します。一方、プロジェクトなどが終わって職務から解放することを「リリースする」といいます。

旅行業界では部屋割りのことを「ルームアサイン」、ＩＴ業界ではキーボードのキーに機能を割り当てることを「キーアサイン」など、それぞれの業界において「割り当て」の意味で使われています。

インセンティブ（incentive）

金銭的なインセンティブを用意して、テスト事業の参加者をつのる。

意味 ごほうび。
動機づけ。
奨励金。

例文
・予選を上位通過したチームには、決勝トーナメントで1点のインセンティブがある。

ごほうび作戦

「感染症対策としてワクチン接種者にインセンティブを与える」というニュースがありました。元来は、動機、奨励を意味する英語であり、現在は「やる気を起こさせるための報奨」「よい結果を挙げたことに対するごほうび」の意味で使われます。

賞与やボーナスは金銭として与えられますが、インセンティブは金銭に限らず、特権、サービスなど、さまざまな形があります。

子どもに勉強を促す「ニンジン作戦」もまた、インセンティブの一種といえるでしょう。

カスタマイズ (customize)

【類義語】カスタムメイド

注文住宅をカスタマイズして、ペットの住み心地をよくしたい。

意味

既製品をもとにして、仕様や設定を変更すること。

例文

・業務管理システムを当社の事業内容に合わせてカスタマイズした。

仕様を変えてオリジナルに

ＩＴ用語から広まったカタカナ語です。利用者の好みや使いやすさを考慮に入れて、既製品をベースに提供者や利用者が手を加えることを意味しています。

ソフトウェアだけでなく、楽器の改造や衣類の手直し、住宅や車などの仕様変更などにも使われます。

カスタマイズは、多くの場合、もとの製品の手直しや変更、付加にとどまりますが、似た意味を持つ**カスタムメイド**は、顧客の注文に合わせて大きく仕様を変更して製作するイメージがあります。

ガバナンス（governance）

ガバナンスが効いていなかったために、不祥事が続発した。

意味　統治（とくに企業経営における管理体制）。

例文　・ガバナンス強化のために社外取締役を任命した。

管理体制はしっかり

日本語では、統治、支配などと訳されます。「政府」を英語でガバメント（government）といいますが、それは「ガバナンス＝統治」をする主体だからです。

ビジネス用語としては、健全な企業経営を行うための管理体制や内部統制を主に指し、コーポレートガバナンスとも呼ばれます。わが国では、21世紀初頭の不祥事続出を受けて企業のガバナンスの重要性が注目されました。ガバナンスが確立されていない企業は、不正行為が起きやすく社会的信用も失いかねません。

コミット (commit)

御社の新規プロジェクト成功をコミットいたします。

意味　責任を持って関与する。結果に対して責任を持つ。

例文
・当社は、国際的な環境活動にコミットすることになった。

責任は重大

「結果にコミットする」というテレビCMによって、すっかりなじみ深いカタカナ語になりました。英語では、広く「関わる」という意味で使われ、文脈によってさまざまな訳語が当てられます。

「～にコミットする」「～をコミットする」のどちらの使い方でもよく、前者は「関与する」、後者は「責任を持つ」のニュアンスが強まります。いずれにしても「責任」に関わる重いことばですから、その場しのぎで軽々しく使うと、あとで痛い目にあってしまいます。

コンプライアンス(compliance)

新しい中期経営計画では、コンプライアンス強化をうたっている。

意味　法令順守。

例文
・コンプライアンスを徹底するために取締役会直属の委員会を設けた。
・関連会社において、重大なコンプライアンス違反が発覚した。

社会規範、一般常識、社内規定まで

ガバナンス同様、21世紀初頭に発生した日本企業の不祥事続出を受け、ビジネス用語として定着したカタカナ語です。

もともと英語では「追従、承服」などの意味がありますが、ビジネス用語として使われている企業のコンプライアンスは「法令順守」と訳されます。守る対象となるのは法令だけでなく、社会規範や一般常識、社内規定なども含まれます。

そして、コンプライアンスを強化するために、ガバナンスの確立が重要になるのです。

コンセンサス（consensus）

マンションの建て替えには、住民のコンセンサスを得る必要がある。

意味

合意。意見の一致。事前の了承。

例文

・今回の税制改革案について、国民のコンセンサスを得るのは難しい。

反対意見がなくなるまで話し合う

合意を得るという意味で「コンセンサスを得る」と使いますが、単純に多数決で賛意が示されたことを意味するわけではありません。

英語で「意見の一致」という意味があることからもわかるように、反対意見がなくなるまで利害関係者が話し合いを進めて、最終合意することが基本です。

政治の世界では、「国民のコンセンサスを得る」という言い方をします。もちろん、国民が一人残らず納得することは困難ですから、これは「総意を得る」ことを示します。

コンセプト (concept)

このスーパーは自然志向をコンセプトにしたことで成功した。

意味

概念、基本方針、基礎としている考え方。

例文

・「東洋の美」をコンセプトにした新商品が発売された。
・この企画はコンセプトがあいまいな印象を受ける。

意図を込める

かなり以前から広告業界で使われ始め、ビジネス用語として定着したことばです。日本語の一般的な訳語は「概念」であり、概念には「対象についての大まかな考えや理解」という意味が含まれています。それを受けてカタカナ語の「コンセプト」は、制作現場では「制作物に込められた意図」、経営や企画では「基本方針」「ベースにする考え方」として使われています。

自動車業界の「コンセプトカー」は、市販を前提とせず、主に未来志向のいわば「夢の車」を指します。

スキーム (scheme)

新たな市場開拓のためのスキーム構築を進めている。

意味

具体的な計画や構想。計画の枠組み全体。

例文

・社会環境の変化に伴って、事業スキームを練り直す。
・金融機関の融資を受けるために返済スキームを作成した。

具体的な計画を立てる

新しい取り組みを行うときに、よく出てくるビジネス用語です。もとの英語には、「計画、案」などのほかに「策略、陰謀」という悪い意味もありますが、日本ではよい意味だけで使われています。

「計画」や「案」といっても、大ざっぱなもくろみではなく、資金繰りや人員配置といった具体的なことがらを含め、準備から結果予測まで周到に検討してまとめられた、具体性の高い構想を指します。同時にその枠組みや仕組み全体を示すことばとしても使われます。

スノップ (snob)

ロンドンのスノッブなレストランが東京に進出した。

意味 俗物。流行の先端を行く人。

例文
・このカフェは、新し物好きのスノッブが集まる店として有名だ。
・彼はスノッブだから、付き合うとお金ばかりかかるよ。

時代の先頭を走る

日本では、ちょっと気取っておしゃれな人が想像され、店の名前にもなっているスノッブ。もとの英語は「見栄っぱりの俗物」「紳士気取りで目下の人を見下すやつ」を指すマイナスイメージの強いことばです。

もっとも、スノッブは時代の流行を追ったり、人と同じものを嫌がる傾向がありますから、そこから徐々に「時代の先頭を走る人間」というプラスのニュアンスも込められていきました。とくにファッションの世界では、都会的でセンスのいい人によく使われています。

デフォルト (default)

世界的な金融情勢悪化により、デフォルトになる国が出てきそうだ。

意味　債務不履行。初期設定。不参加。

例文　・このメンバーでの飲み会は、生ビールで乾杯がデフォルトだ。

既定路線

近年、よく耳にするようになったことばです。英語では「既定、不履行、滞納、不参加」などの意味があり、日本でも各分野において、それぞれの意味で使われています。

金融分野では、対外債務が支払い不能となる「債務不履行」のこと。

IT分野では、導入時の初期設定や初期値を指します。それが転じて、例文のように「いつも○○だ」「最初から××だ」という意味を示す俗語としても使われています。

スポーツ分野では「不参加」を意味しますが、あまり使われません。

パスタ　(pasta)

イタリアでは各地方に独特のパスタが存在する。

意味　スパゲッティ、マカロニ、ペンネなど、主に小麦粉を主原料とした食品。

例文
・空腹ではないので、パスタはとらずに前菜とメインだけにします。
・日本で考案された明太子パスタが外国人にも人気だった。

パスタ？　スパゲッティ？

日本で最もよく使われるイタリア語であり、なじみの深いイタリア料理のパスタですが、その定義は意外に知られていません。

小麦粉を主原料としたもので、スパゲッティ、マカロニなどの麺類のほか、板状のラザニアや団子状のものもあり、小麦アレルギーの人のために米粉を使ったパスタも存在します。米料理のリゾットも、イタリアではパスタ同様の扱いです。

イタリアンのフルコースでは、肉や魚のメイン料理の前に、第一の皿としてパスタやスープが供されます。

プロパティ (property)

画像ファイルのプロパティを見ることで撮影データがわかる。

意味 ものの属性や性質。財産や所有物。

例文
・不動産所有者に代わって、プロパティマネジメント会社が建物を管理する。

資産管理業務を指すことも

ソフトウェアの操作で目にした人も多いでしょう。「性質、属性、資産、所有物」の意味を持つ英単語で、ソフトでは、そのうちの「性質、属性」の意味で使われています。

表計算や文書ファイルを例にとると、ファイル名、作成日時、データサイズ、セキュリティの有無や方法など、さまざまな属性をプロパティと呼んでいます。

ビジネス用語としては、資産を管理する業務や資産そのものを指すことがありますが、まだ定着しているとはいえません。

モラール（morale）【参考】モラル

社員のモラールを高めるには、リーダーの自覚が欠かせない。

意味 士気。やる気。

例文
・職場のモラール低下は、生産性や品質の低下に直結している。
・モラール向上運動はいいが、労働環境が悪化したら元も子もない。

やる気向上！

倫理や道徳を意味する「**モラル**（moral）」と発音が似ているので要注意のカタカナ語です。しかも、長音なしで「モラル」と表記されることがあり、その場合、日常的なカタカナ語として定着している「モラル」と混同する恐れがさらに高まります。

たとえば、「当社はモラル向上の取り組みをしている」という文章があった場合、「やる気向上」のつもりで書いたのに、それを見た人から、「この会社は、取り組みをしなければいけないほど倫理意識が低いのか」と誤解を受けてしまいます。

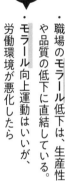

リスクヘッジ（risk hedge）

クラウドにファイルを保存して、リスクヘッジを図る。

意味

危機を回避するための手段。損害を最小限にとどめるための事前の手立て。

例文

・リスクヘッジを目的として、複数の金融機関に資金を預ける。

危険を防止

金融業界の用語だったものが、ビジネス用語として広まりました。「ヘッジ」は、もともと垣根を意味する英単語で、防止するものを意味します。ですから、「リスクヘッジ」とは、危機を事前に予測して、リスクを最小限にとどめる予防措置をとることを指しているのです。

株取引でいえば、単一銘柄だけに投資するのではなく、さまざまな業界の複数の銘柄に分散して投資することがリスクヘッジの基本です。

もちろん、どんな業界でも日常生活でもリスクヘッジは重要です。

リテラシー　（literacy）

ITリテラシーが不足していると、時間とお金を効率的に使えない。

意味　読み書き能力。ある分野における知識や理解力。

例文

・ネットリテラシーが低い人は、情報をうのみにして陰謀論に陥りやすい。

情報をうのみにしない

文学（literature）と語源が同じで、英語では本来「文字の読み書き能力」を意味しました。そこから派生して、現在では英語でも「ある分野における知識や理解力」を指すようになっています。

最新のデジタル機器の活用能力を指す「デジタルリテラシー」、メディアの情報を理解して読み解く能力を指す「メディアリテラシー」、ネット情報を正しく理解して誤りなく運用できる能力を指す「ネットリテラシー」などが、ビジネスはもちろん、日常生活でも問われています。

プラットフォーム(platform)

交通系を始めとして、電子マネーのプラットフォームが乱立している。

意味

システムやサービスの基盤。ソフトウェアの動作環境や土台。

例文

・電子商取引のプラットフォームとして、アマゾンや楽天が知られている。

基盤を制するものが市場を制す

鉄道駅のホームを思い浮かべる人が多いことでしょう。もともとは、周辺よりも高くなった台状の設備を指す英単語でした。その「土台、基盤」という意味から派生して、ソフトウェアやシステムにおける「動作環境」や「基盤」を指すことばとして使われるようになりました。

たとえば、ソフトやアプリを動かすプラットフォームとして存在するのが、アップルやマイクロソフトなどのOSです。デジタル社会では、プラットフォームを制した者が大きな利益を手にすることができます。

※ INDEX は 350 ページより
始まっています。

さ

INDEX

参考文献

『古語大事典』
中田祝夫、和田利政、北原保雄 編　小学館

『大辞林』
松村明 編　小学館

『使い方の分かる類語例解辞典』
小学館辞典編集部 編　小学館

『日本語逆引き辞典』
北原保雄 編　大修館書店

高村史司（たかむら・ふみじ）
1956年東京生まれ。東京大学文学部西洋近代語近代文学科卒。塾講師（国語）、外国人向け日本語教師、ITテクニカルライターなどを経て、現在はフリーランスライター。大和言葉、よく耳にするのに、気になる言葉や表現を追究。日本語教師の経験から得たトピックも豊富。古語・現代語など日本語に関するワークショップ・研究会等を不定期で開催。

本作品は当文庫のための書き下ろしです。

だいわ文庫

社会人《しゃかいじん》に絶対必要《ぜったいひつよう》な語彙力《ごいりょく》が身《み》につく本《ほん》

著者　高村史司《たかむらふみじ》

二〇二三年一月一五日第一刷発行
二〇二四年六月二〇日第三刷発行

発行者　佐藤 靖
発行所　大和《だいわ》書房
東京都文京区関口一―三三―四 〒一一二―〇〇一四
電話 〇三―三二〇三―四五一一

フォーマットデザイン　鈴木成一デザイン室
本文デザイン　スズキフサコ
本文イラスト　瀬川尚志
本文印刷　シナノ
カバー印刷　山一印刷
製本　ナショナル製本

ISBN978-4-479-32043-2
乱丁本・落丁本はお取り替えいたします。
https://www.daiwashobo.co.jp